零基础

商务工作
管理模型全书

[日]嶋田毅 著

张磊 译

助力
工作创意
与问题解决

中国科学技术出版社
·北京·

仕事のアイデア出し＆問題解決にサクっと役立つ！ビジネスフレームワーク見るだけノート
嶋田　毅

Copyright © 2020 by TSUYOSHI SHIMADA

Original Japanese edition published by Takarajimasha, Inc.

Simplified Chinese translation rights arranged with Takarajimasha, Inc., through Shanghai To-Asia Culture Co., Ltd.

Simplified Chinese translation rights © 2022 by China Science and Technology Press Co., Ltd.

北京市版权局著作权合同登记　图字：01-2020-6561。

图书在版编目（CIP）数据

零基础商务工作管理模型全书 /（日）嶋田毅著；张磊译 . —北京：中国科学技术出版社，2022.3

ISBN 978-7-5046-9440-9

Ⅰ.①零… Ⅱ.①嶋… ②张… Ⅲ.①商务工作 Ⅳ.① F715

中国版本图书馆 CIP 数据核字（2022）第 030564 号

策划编辑	杜凡如　龙凤鸣	责任编辑	杜凡如
封面设计	马筱琨	正文设计	锋尚设计
责任校对	张晓莉	责任印制	李晓霖

出　　版	中国科学技术出版社
发　　行	中国科学技术出版社有限公司发行部
地　　址	北京市海淀区中关村南大街 16 号
邮　　编	100081
发行电话	010-62173865
传　　真	010-62173081
网　　址	http://www.cspbooks.com.cn

开　　本	889mm×1194mm　1/16
字　　数	166 千字
印　　张	12
版　　次	2022 年 3 月第 1 版
印　　次	2022 年 3 月第 1 次印刷
印　　刷	北京盛通印刷股份有限公司
书　　号	ISBN 978-7-5046-9440-9 / F・982
定　　价	59.00 元

（凡购买本社图书，如有缺页、倒页、脱页者，本社发行部负责调换）

零基础

商务工作
管理模型全书

[日] 嶋田毅 著

张磊 译

助力
工作创意
与问题解决

中国科学技术出版社
·北京·

前言

知与不知，
高下立判的管理模型

商务工作管理模型在商务情境中的分析、决策以及采取行动方面，都可以起到重要作用。管理模型可以说是前人的智慧。根据实际情况灵活运用管理模型，则可以大幅提高工作效率。日本商学院通常会在两年的时间里，向学生教授数百种不同的管理模型。

本书从著名的商务工作管理模型中选取了一些对于普通商务人士而言非常易学、易用的模型。其中，既有海外学者和咨询顾问设计的模型，也有在日本企业的生产管理现场产生的模型。

本书的特点有两个。首先是了解这些管理模型之后，会和不了解的状态区别很大。年轻人自不待言，即使是积累了很多经验的商务人士，也可以对道听途说或者一知半解的知识重新思考"为什么是这样的？""什么时候可以用呢？"从而能够更具实践性地使用这些知识，而不是全凭自我感觉。

其次是本书具有"零基础"系列的特点，即有很多插图和案例。纯文本内容可能难以记忆，而如果配上插图的描绘，则更易让人形成牢固的记忆。尤其是对于商务工作管理模型的初学者以及被长篇累牍的大部头文字书籍弄得很有挫败感的人来说，本书将是非常合适的选择。

最后还有一点需要提醒大家注意。那就是，管理模型并非万能药，不会像"这样的情况下，这样做就好"一样自动输出答案。我们应当注意，如果对于条件或背景等因素理解不正确，也可能得出错误的答案。

如前所述，本书中的商务工作管理模型只是冰山一角。随着时代不断变化，将有更多新的管理模型不断出现。有兴趣的读者可以借此书为契机，更多地关注和学习其他管理模型以及完整的经营管理学。

嶋田毅

助力工作创意与问题解决

零基础商务工作管理模型全书
目　录

第 1 章
用于发现和解决问题的模型

01 用8句提问确定问题
　　6W2H、流程 2

02 用"为什么"
　　查明根本性的原因
　　五问法 4

03 何为贡献度？
　　贡献度、优先级 6

04 根据紧急度和重要度
　　明确工作的优先级
　　紧急度/重要度矩阵、矩阵、标绘、
　　任务 8

05 将各种意见数值化以确定方针
　　决策矩阵、权重 10

06 了解问题的含义，探寻解决方案
　　现状/目标、差距分析 12

07 调查关键因素，
　　找出问题的本质
　　特性要因图、鱼骨图、
　　五个为什么 14

08 用逻辑树针对问题深度挖掘原因
　　逻辑树 16

09 查明整体流程恶化的原因
　　瓶颈分析 18

10 不是只定目标就行的时光机法
　　时光机法、预测 20

11 基于他人想法拓展想象力
　　脑力书写 22

12 从1个关键词开始
　　以8的倍数增加创意
　　曼陀罗九宫格 24

13 创作故事以产生新构思的
　　管理模型
　　情境图、变量 26

14 用经典的9个问题发现新视角
　　奥斯本检核表 28

15 与他人共享并实现自己的想法
　　创意表 30

| 16 | 尝试用4个镜头的故事来总结理想
故事板 32

| 17 | 在做出选择时比较优缺点
优缺点清单 34

| 18 | 将想法列入图中，
找到可以实现的目标
支付矩阵 36

专栏 01
理解管理模型应知应会！
商业术语集 38

第 2 章
市场营销模型

| 01 | 预测社会变化，制定未来战略
PEST 分析、宏观环境 42

| 02 | 明确目标客户的
市场细分与目标营销
市场细分、目标营销、人口动态、
红海 44

| 03 | 找出蓝海的分析工具
战略画布 46

| 04 | 了解客户对本公司产品或
服务的认知度
认知度分析 48

| 05 | 用4个要素分析本公司的
经营环境
SWOT 分析、外部环境和内部
环境 50

| 06 | 为什么获得客户很重要
客户忠诚度分析、净推荐值 52

| 07 | 好的品牌具有资产价值
品牌资产 54

| 08 | 找出发挥重要作用的上位要素
帕累托分析 56

| 09 | 了解产品从进入市场到
最终退出市场的过程
产品生命周期（PLC）............. 58

| 10 | 分析产品被用户接受的过程
创新者理论、鸿沟 60

| 11 | 对现有客户进行归类
并用于营销
RFM 分析 62

| 12 | 用于研究卖什么给谁的分析模型
STP 64

| 13 | 明确自己公司所处的位置，
选择处于优势地位的地方
市场定位图 66

| 14 | 本公司产品的营销中不可或缺的
4大要素
4P 分析、市场营销组合 68

15 了解客户的购买流程，
用于销售策略
AIDA、AIDMA 70

16 了解公司经营资源的优势，并在
从生产到销售的过程中广泛利用
核心竞争力分析 72

专栏 02
理解管理模型应知应会！
商业术语集 74

第 3 章
用于研究战略的模型

01 用金字塔原理组成有逻辑的观点
金字塔原理 78

02 分析2种事物相关性的模型
相关分析 80

03 分析购买动机并用于制定策略
KBF 分析、关键购买因素 82

04 了解其他公司的实力，
探索自己公司的制胜之道
他人与自我分析 84

05 从3个视角分析当前状况
3C 分析法 86

06 分析所进入行业的基本模型
五力分析模型、迈克尔·波特 88

07 找出自己公司可以立于
优势地位的市场
优势矩阵、波士顿咨询集团 90

08 弄清自己公司经营资源的有效性
VRIO 分析、杰伊·巴尼、
资源基础理论 92

09 分析创造价值的主体活动和
支持活动来发挥优势
价值链分析 94

10 从成本和范围的角度判断
获得竞争优势的方法
三种基本战略 96

11 分析作为企业基本经营资源的
人力、物力和财力
3M 分析法 98

12 基于自己公司的经营策略
考虑商业模式
商业模式、克莱顿·克里斯滕森 100

13 学习弱者也能生存的战略
兰彻斯特定律 102

14 揭示企业或产品在行业中的位置
项目组合管理 104

15 考虑业务成长和扩张的
头脑风暴工具
安索夫矩阵、H. I. 安索夫 106

16 使用SWOT的4项要素找到
应选策略
SWOT 交叉分析法 108

17 使用商业模式画布将想法
发展为商业模式
商业模式画布 110

18 掌握人、物、财的相关性和
流程
计划图 112

19 便于项目或任务管理的甘特图
甘特图 114

20 为高效推进业务，
编制组织架构图
组织架构图 116

21 将实现目标的路程
标注在路线图上
路线图 118

22 可对达成目标所需行动进行
可视化分析的工具
KPI 指标树、关键绩效指标 120

23 避免目标不明确并使其有挑战
SMART 模型 122

专栏 03
理解管理模型应知应会！
商业术语集 124

第 4 章
管理组织的
模型

01 回顾业务以在下一步充分利用
KPT 128

02 用于改进业务的循环
PDCA 循环 130

03 分类整理工作
工作盘点表 132

04 画出并梳理业务流程
业务流程图 134

05 管理业务进展的PERT图
PERT 图、计划评审技术、
关键路径 136

06 明确并共享责任与角色
RACI 模型 138

07 发现低效业务的3M法则
3M 法则 140

08 创造让组织协同一致的工作环境
5S、全球标准 142

09 分析潜在隐患并防患于未然
海因里希法则、重大事故、
赫伯特·威廉·海因里希 144

10 用于提高工作效率的4个原则
ECRS 法则 146

11 搜集并充分利用现场发现的问题
工作改善提案表 148

12 共享公司的存在意义和目的
使命、愿景、价值观 150

13 通过"想做的事""能做的事"和"该做的事"发现有意义的工作
Will-Can-Must 法则 152

14 从组织必要性和员工欲望的角度分析工作
必要性/欲望矩阵 154

15 让自己意识到未知自我的乔哈里窗
乔哈里窗、自我披露 156

16 了解动机的根源，激发员工的工作热情
需求层次理论、马斯洛 158

17 创造互助型组织的管理模型
期望/贡献模型 160

18 学习领导者应具备的素质
PM 理论、三隅二不二 162

19 找出组织的关键人物以解决问题
利益相关方 164

20 支持员工达成目标并激发潜能
GROW 模型、教练 166

21 思考市场营销策略，编写产品企划书
产品企划书 168

22 在明确目的后进行活动策划
活动策划书 170

23 用于正确传达内容的表达结构
PREP 模型 172

24 根据目标与现状的差距，思考演讲的结构
TAPS 模型 174

专栏 04
理解管理模型应知应会！
商业术语集 176

第 1 章

用于发现和解决问题的模型

在商务情境下，
必须尽早发现和解决问题。
问题在哪里？应当如何解决？
将这些提问套用到模型中去看，
就可以更简单地找到答案。

关键词 ➡ ☑ 6W2H、流程

01 用8句提问确定问题

这一模型可以梳理错综复杂的问题，帮助人们多角度地对问题进行思考和定义。

当你想要明确问题时，可以使用6W2H模型。"6W2H"是一种通过具体地展现事物，来帮助人们整理思考的方法。"6W2H"是在When（何时）、Where（何地）、Who（何人）、What（何事）、Why（为何）、How（如何）这6个疑问词（"5W1H"）之上，增加了Whom（对谁）和How much（多少）两个疑问词。回答这8句提问，即可具体定义问题。在整理以及通盘考虑错综复杂的事情、主题、问题或任务时，"6W2H"是一种非常有效的管理模型。

通过6W2H确定问题

快做这个！快做那个！

我们辞职吧……

销售科员工的距离很远

公司

通过6W2H拆分问题

来总经理办公室一下。

您好，这里是销售科。

何时 = "总是，突然"

工作量太多。

没时间。

工资少。

无法履行计划。

他好像被总经理叫去了。

我可以进来吗？

总经理办公室

何地 = "自己不知道的地方"

首先，确定问题的主题，将其写在图表的中心位置，在四周的方格中填入"何时""何地""何人""对谁""何事""为何""如何""多少"这些提问词，然后回答每个问题，即可使问题具体化。

通过这个**流程**，需要考虑的问题和信息的偏向将逐渐清晰明确，从而可以让更加本质的问题点浮出水面。

对提问采用从各个角度"毫无遗漏"地填写答案的形式，可以扩展思考的框架，获得此前并未意识到的观点。

何人 = "总经理"

对谁 = "对销售科"

何事 = "严格的定额指标"

为何 = "因经营不善"

如何 = "1天20通销售电话"

多少 = "廉价工资"

关键词 → ☑ 五问法

02 用"为什么"查明根本性的原因

这是一种反复提出问题的方法,用于探究并排除造成问题的根本原因。

如果要解决问题,就必须准确地找到原因。针对问题反复问"为什么",从而明晰真正原因的方法即所谓"**五问法**"(又称"五个为什么")。

如果只看到问题的表层,即使看似当场解决了问题,但问题仍有可能再次发生或扩大。因此,我们有必要明确问题深层的根本原因,并在此基础上制定排除这些原因的对策。这一模型是一种通过养成多问几个"为什么"的习惯,来强化深度思考的训练。

反复问"为什么",找到问题的根源

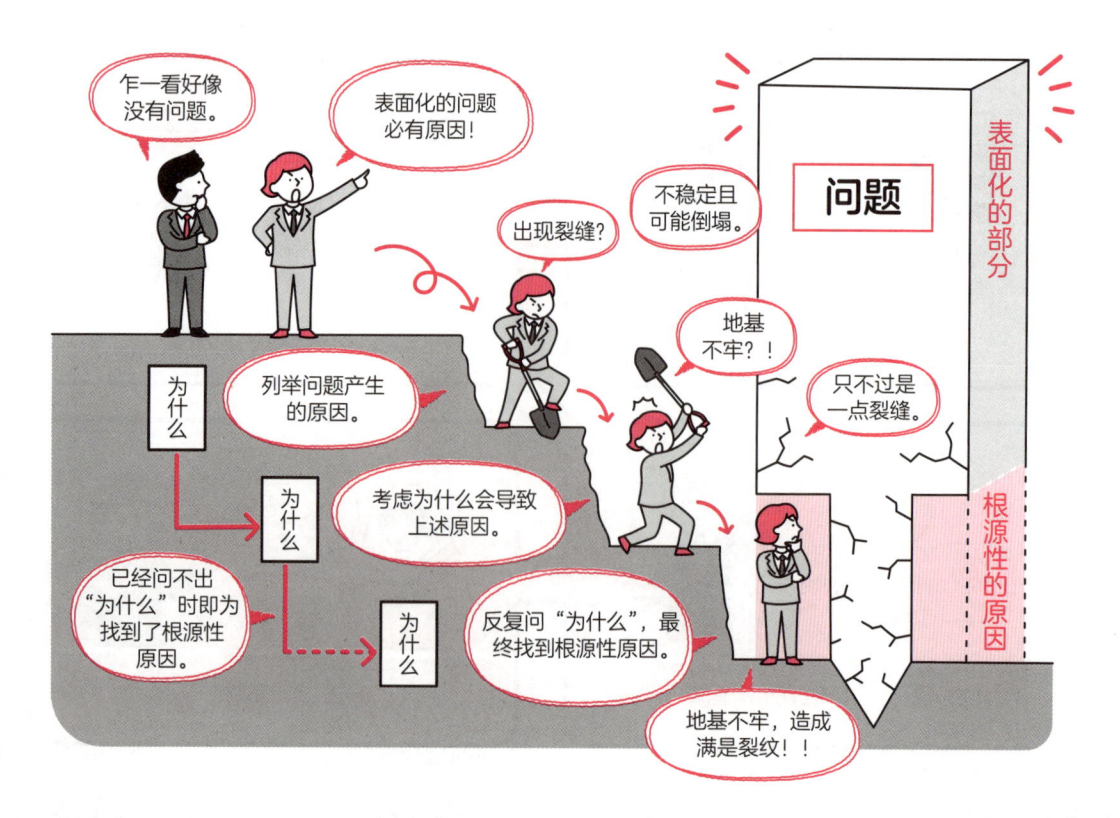

- 乍一看好像没有问题。
- 表面化的问题必有原因!
- 出现裂缝?
- 不稳定且可能倒塌。
- 地基不牢?!
- 只不过是一点裂缝。

问题

表面化的部分
根源性的原因

为什么 → 列举问题产生的原因。
为什么 → 考虑为什么会导致上述原因。
为什么 → 反复问"为什么",最终找到根源性原因。
已经问不出"为什么"时即为找到了根源性原因。

地基不牢,造成满是裂纹!!

五问法的顺序是从设定问题开始的。这个时候，通常的做法是将具体的内容集中在1个点上开始提问。首先问"这是为什么"，列出其原因；然后再进一步问"为什么"，探究造成这一原因的更深一层原因。如此反复，直至不再有"为什么"的原因，即可浮现根源性的原因。

一个分支出现2个以上的原因时，继续探究分支之前的原因。如果继续到分支之前的原因也不再有"为什么"的原因时，即可获知造成问题的原因。在最初设定问题时，如果不将问题集中在1个点上，则很容易造成此类分支过多。因此，最初的问题设定非常关键。

订货错误也可以用"五问法"

发生问题

怎么这么多？！

大型货车一整车。

我们送来了您订购的2000个产品。

为什么？

为什么是这个数？

订货数量：2000

订购数量输错了。

哎？XX公司打的电话怎么说的？

为什么？

订单呢？

电子邮件 订单确认

没有仔细看。

原来如此！因为只有自己确认！

为什么会看漏了？

为什么？

第三方　本人　接受订货邮件

请遵守。

订购手册

为什么？

为什么到现在都是这样做的？

因为一直是这么学的。

订购的规则是什么呢？

为什么？

没有订购手册！

好的。

制定

关键词 ➡ ☑ **贡献度、优先级**

03 何为贡献度？

❗ 为高效执行工作，应当找到贡献度更高的工作并优先处理。

在商务情境中，往往要求以更少的成本产出更大的成果。但是，当我们着手处理任务时，必然受到时间、金钱、材料供应、人力资源等因素的制约。为了能在现有条件下产出最大的效果，从**贡献度**最高的任务开始入手是基本原则，这也是决定工作优先级的关键。同时，要做到这一点，确定任务的**优先级**在制定战略上就变得非常重要。

但是，所谓"贡献度"，也会因为场景（目的或状况等）的变化而变化。我们应当注意，即使上一次成功了，并不意味着下次也可以使用同样的做法。

贡献度较低的工作和较高的工作

完成了这么多量。
真厉害！
这么多啊！

您是我们重要的客户。
到底是你，果然出色！

干劲十足
干劲十足

A公司比C公司优先交货！请送去那里。
我明白了。
部长

贡献度较低的工作
既不紧急也不重要的工作

贡献度

贡献度较高的工作
优先处理紧急且重要的工作

要确定优先顺序，首先要通盘考虑整个任务，综合探讨所有的选项。如果想迅速解决眼前的问题，可以采用"紧急度/重要度矩阵"（第8页）。此外，需要对比多个条件时，则适合使用"决策矩阵"（第10页）。像这样根据具体情况和目的选择最适用的模型，即可高效地确定优先顺序。

即使针对相同的任务，优先顺序也会根据立场和时间点等因素的变化而变化。因此，对于贡献度最低的任务，选择"不做"也是一种方法。

根据具体情况而变的贡献度

这个时间点还不需要B公司吧。

在有需要的时候应选择贡献度更高的任务啊！

一目了然书店

A公司来了！帮大忙了！

B公司的书现在不需要。

不好意思，已经卖完了。

有A公司的书吗？

售完

我是B公司的。我来送货啦。

我是A公司的。我送来了缺货的书。

关键词 ➡ ☑ 紧急度/重要度矩阵、矩阵、标绘、任务

04 根据紧急度和重要度明确工作的优先级

! 这是一种通过两根坐标轴思考事物的矩阵型分析法，用于判断工作的优先级。

紧急度/重要度矩阵是一种非常便利的模型，多用在判断优先顺序的过程中。这种**矩阵**型的分析方法需要先设置"紧急度"和"重要度"2个坐标轴，根据具体的"紧急度"和"重要度"的程度，**标绘**出手头的**任务**。这样一来，就可以将任务分类成以下4种。

优先级最高的是"紧急度"和"重要度"都高的任务。接下来，就可以按照"重要度"高但"紧急度"低、"重要度"低但"紧急度"高、"重要度"和"紧急度"都低的顺序，明确进行区分。

如果不决定优先顺序，很可能造成失误

走过场的会议 — 不得不参加会议。

差旅 — 接下来到大连出差。

员工培训 — 下周有员工培训。

这个产品是连接插座的。

XX商业公司的XX先生来了噢！

方案规划 — 礼物的交期近了。

没有设定优先顺序……

处理投诉 — 你负责的A公司XX先生来投诉了！ 还要道歉。

首先，紧急度和重要度都高的事情，是应当最优先处理的任务。符合这种情况的是即将到期的工作，例如应对重要客户的投诉，或者处理事故等。

其次，重要度高而紧急度低的事情，是指类似开发新客户或者行业研究等重要但不紧急的工作。但是，如果这些工作往后推迟，它们的紧急度将会上升，并逐步变成最优先任务。

再次，紧急度较高但重要度较低的工作，是指接待突然来访的客人或者接听电话等无法置之不理的事情。此类任务尽管重要度不高，但必须立即处理。

最后，紧急度和重要度都很低的工作，指的是等待时间长或差旅时间长且回报低的在业务上并不重要的事情。在这些事情上花费时间是一种浪费，所以应尽可能减少。

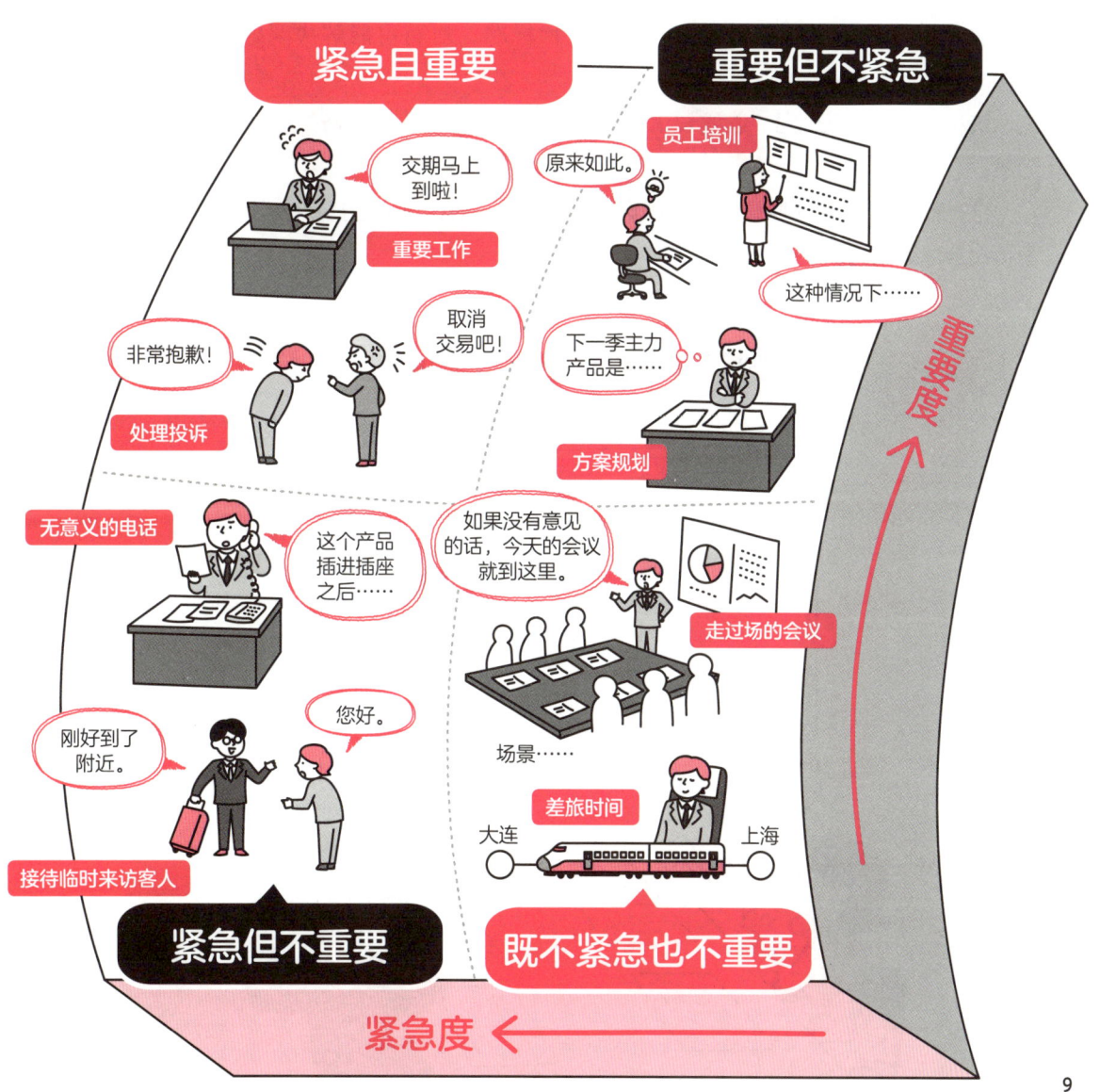

关键词 ➡ ☑ 决策矩阵、权重

05 将各种意见数值化以确定方针

决策矩阵是一种通过使用数值来表示个人主观的意见，从而形成客观判断的工具。

决策矩阵可用于根据重要度不同的各种标准，对有可能解决问题的多个意见进行评估。

这种方法是以纵轴为"选项"、以横轴为"评估标准"创建表格，并在单元格中填入评估结果。

这一模型根据不同的重要性，对多个选项进行评估，然后选择评估得分最高的选项，从而得出合理的结论。

为了客观判断各种不同的主张

媒体预算会议
- 电视广告
- 交通广告
- 活动
- 社交网络
- 杂志

无法达成一致……

电视广告还很重要吧。

因为目标客户是F2层（35～49岁女性），所以杂志很有必要！

我们要用有影响力的人来制造话题！！我们请10个人吧！

地铁车厢广告更有冲击力吧！

如果要使用决策矩阵，首先要整理评估的对象。选择多个需要探讨的主题，列在纵轴上。

然后设定评估项目和**权重**（重要性）。权重是指按照相应的比重把该项目换算成分值。例如，在5分制的评估中，"可实现性"倍率设为1倍，"未来前景"倍率设为3倍。类似这样，将重要因素的倍率设定成比其他不重要因素更高。

当全部项目填写好评分后，乘以权重后进行加算。其综合评分可以用分数实现可视化，从而能够帮助人们更明确地做出决策。如果发现结果与直观感觉出现偏差，针对这一偏差进行探讨，还可以发现设定权重时没有预想到的因素。

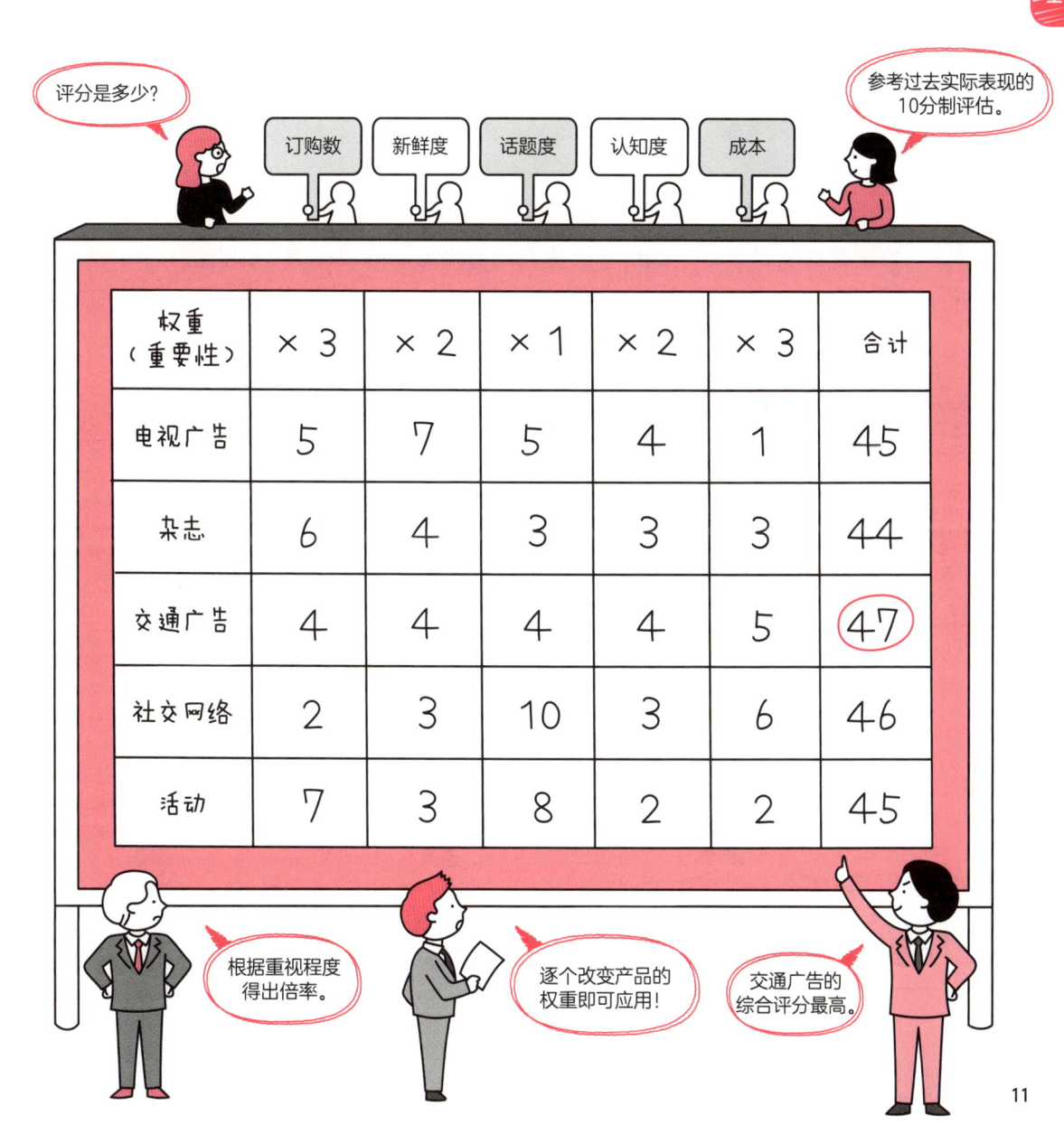

第1章 用于发现和解决问题的模型

评分是多少？

参考过去实际表现的10分制评估。

权重（重要性）	×3	×2	×1	×2	×3	合计
	订购数	新鲜度	话题度	认知度	成本	
电视广告	5	7	5	4	1	45
杂志	6	4	3	3	3	44
交通广告	4	4	4	4	5	（47）
社交网络	2	3	10	3	6	46
活动	7	3	8	2	2	45

根据重视程度得出倍率。

逐个改变产品的权重即可应用！

交通广告的综合评分最高。

11

关键词 → ☑ 现状/目标、差距分析

06 了解问题的含义，探寻解决方案

明确应当解决的任务，是解决问题的第一步。

现状/目标、差距分析模型用于准确掌握应当解决的问题。

首先，尽可能准确掌握"现状（As is）"，在此基础上，弄清作为应有状态的"目标和理想（To be）"。

对比"现状"与"目标和理想"两者，即可获知现状与目标和理想的差距。

这一方法是通过思考并执行用于消除差距的措施来解决问题，因此被称作"差距分析"。

掌握现状

现状：餐厅空空如也，"今天也还是没有客人来呀。"

目标和理想：餐厅人声鼎沸，"生意真红火！""欢迎光临。""没有位子了，请稍等。"

所谓问题，就是目标和理想与现状之间的"差距"，而消除差距、向目标和理想靠近，也就是解决问题。

为了明确定义发现的问题，可以追问"什么时间的问题（时间/Period）""哪方面的问题（空间/Perspective）""谁的问题（立场/Position）"这3个问题，再加上"目的是什么的问题（目的/Purpose）"，形成"发现问题的4P"。运用它，就可以更容易明确任务。

通过这样的分析，就可以明确应当采取的行动，同时指出解决问题的方针。

明确目标和理想后思考流程

目标和理想

了解差距
明确现状与目标和理想的差距

我明天要去夏威夷。

好的，我现在就为您准备私人飞机。

差距

还能赶上末班电车吗？

周六还得工作。

协调大型组织的管理能力？ 部长

领导力

演讲成功！！！

几个亿的生意？！

真厉害！
实绩成果？

理想在那里啊！有哪些不足呢？

现状

关键词 → ☑ 特性要因图、鱼骨图、五个为什么

07 调查关键因素，找出问题的本质

当发生问题时，不能一句"下不为例"就算了，必须找到问题的原因。

特性要因图是一种彻底调查问题要因（重要原因）的强有力的模型。

这种方法需要无遗漏地列出各种重要原因，然后进行回溯，从而彻底查明问题的真正原因在哪里。特性要因图是由工学博士石川馨创建的工具，在日本的生产管理现场被广泛使用。

对出现的各种问题采取对策，即可分别予以解决。在回溯所有问题的同时，则可以细化原因，并且全面追查所有原因。

为防止问题再次发生

发生问题

不得了啦！

机器起火啦！

特性要因图采用非常特别的形状。首先是在最右侧写上讨论的问题，然后无遗漏地列举出导致问题发生的主要原因。接下来，再依次分别列举出导致这个主要原因的次要原因。

如果继续进行这样的操作，并尽可能细分化，最后将出现类似鱼骨的形状，因此特性要因图也被称作"**鱼骨图**"。

特性要因图是对丰田汽车公司采用的"**五个为什么**"发现问题流程的更加体系化的操作。尽管模型非常便捷，但在原因之间存在相互关联时不宜使用，这一点需要注意。

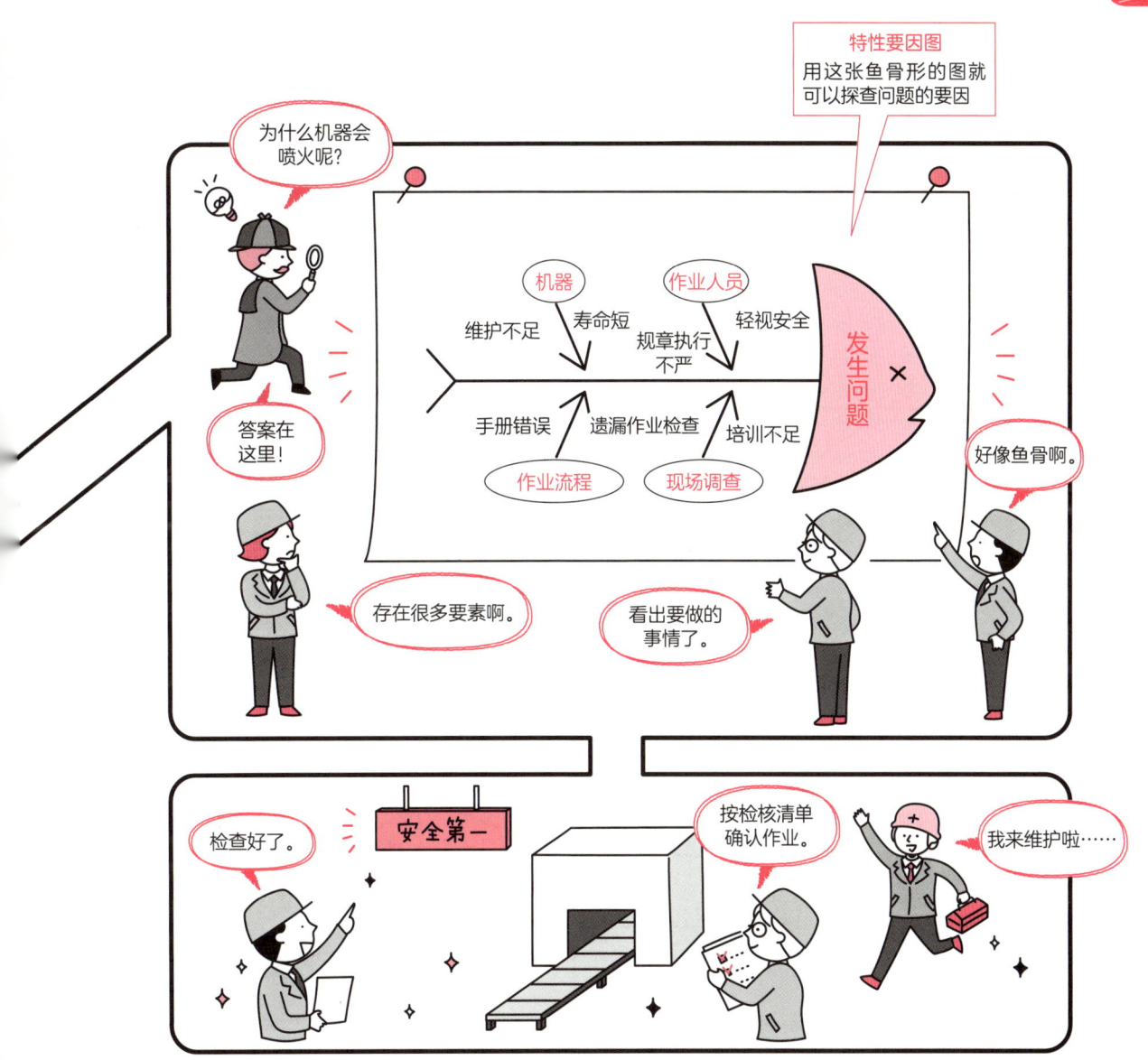

关键词 ➡ ☑ 逻辑树

08 用逻辑树针对问题深度挖掘原因

> 逻辑树分析法是针对问题列举多个原因，再进一步向下扩展，探索重要原因的方法。

逻辑树是将待讨论的内容分解成多个要因，然后表示成树型图（金字塔）。这一模型在需要抽丝剥茧、严密探索所有原因，再选择其中重要原因时非常有用。在多个原因相互作用而引起问题时，如果用"五问法"（P4）无法应对，这一工具也非常有效。

在解决问题上，它还可以用于更全面地思考"本质问题在哪里（Where）"以及"有什么样的解决方案（How）"。

解决问题的方法必然会被发现

（梦想的家 / 存折上只有一点点钱。/ 没有钱。）

为什么？

工资低。 / 收入少

为什么？

每天有各种花费。 / 房租 / 支出多

例如，如果问题是"我们家的储蓄没有增加"，分析步骤是：①将"我们家的储蓄没有增加"放在左侧或者最上方。②思考为什么会发生这一问题。要领是粗略考虑2到3个主因，比如"收入少""乱花钱"等。③追问"为什么收入少"，反复再问"为什么"，进一步思考更细致的原因。对其他的主因也重复这一操作。④从列举出的原因中选择重要的原因。逻辑树完成的条件是，展开之后的树形选项中，必须包含回答和提示。但是，这一模型不能列举太多的问题解决方案，所以需要注意它并不是自动选择最佳选项的方法。

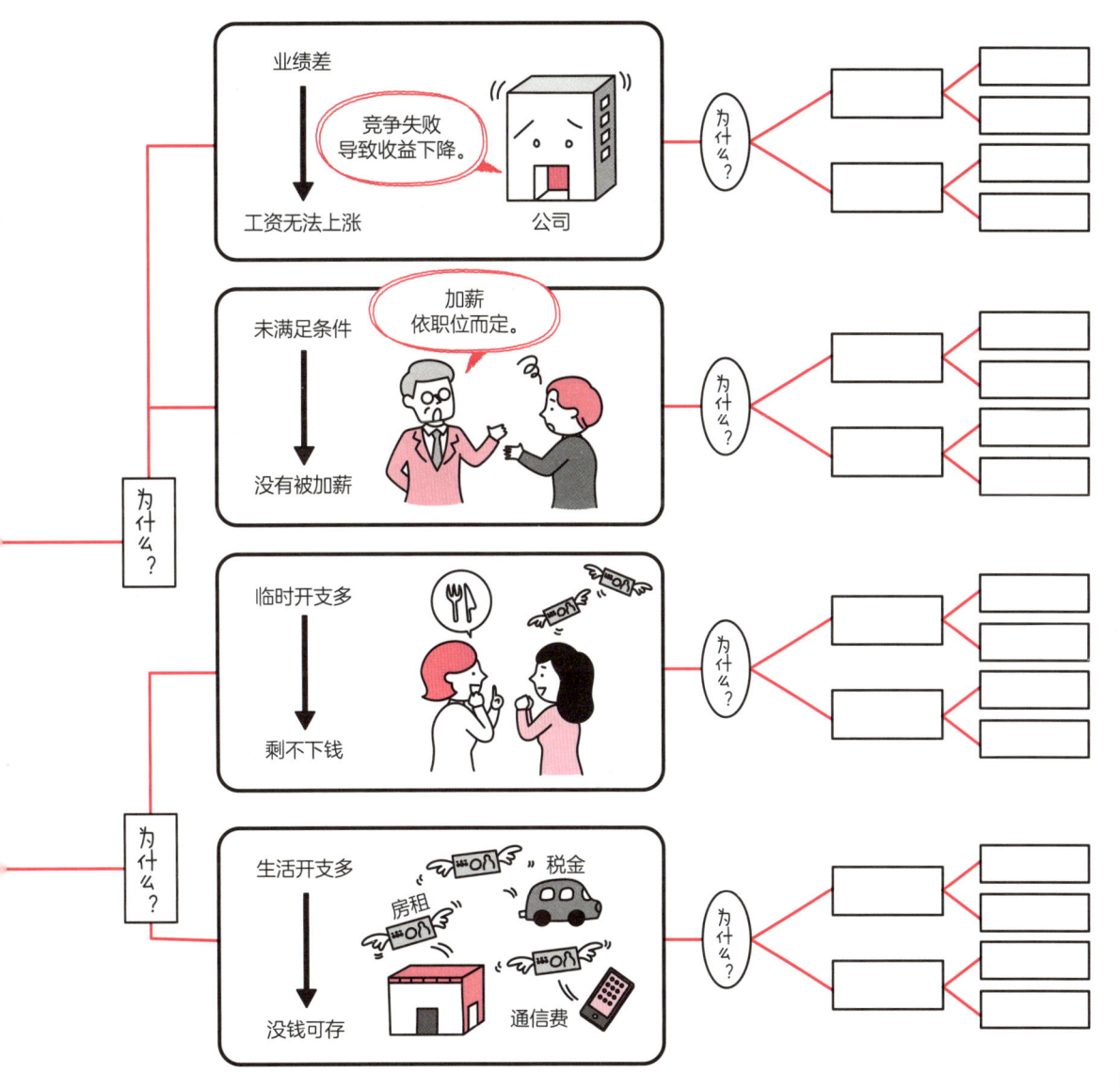

关键词 ➡ ✓ 瓶颈分析

09 查明整体流程恶化的原因

瓶颈分析可以通过改善导致整体稼动率（劳动效率）下降的部分来提高效率。

所谓瓶颈，指的是瓶身上方最细的部分。借用这一类比，我们把系统整体中限定（降低）流量或生产率的部分称作瓶颈。

用于探究瓶颈发生的位置及其改善方法的模型即**瓶颈分析**。通过发现流程中哪里的处理能力降低从而形成瓶颈，并加以消除即可改善稼动率。

只要存在一处瓶颈，整体的稼动率就会下降，因此发现和消除瓶颈尤为重要。另外，在排除了当下最重要的问题后，我们还必须探究下一个形成瓶颈的部分。

找出效率最差的流程

- 整体的处理能力以团队中跑得最慢的人的时间为基准
- 此时处理能力为 60个/小时
- 我比基准高！
- 即使能力有余也要等等
- 110个/小时
- 我是基准。
- 100个/小时
- 60个/小时
- 啊呀！追不上啦！
- 98个/小时
- 与基准大致相同，所以差不多可以了吧。
- 让其他人都在等，这里就是瓶颈

流程1 / 流程2 / 流程3 / 流程4

目标

瓶颈在多个流程的哪个部分，是根据对流程的处理能力和稼动率的分析推断出来的。具体而言，假定稼动率为100%，计算出此时各流程实际的稼动率，再推断出处理能力最低的部分（瓶颈）。

在进行瓶颈分析时，能力设定的重点在于：所有的流程必须列出全部前提条件。这是因为，如果前提条件存在差异，就不能按相同水平进行比较。

对于横跨相互分离的场所或岗位的流程分析，事前必须仔细研究什么水平是正常全力运转的基准。

关键词 ➡ ☑ 时光机法、预测

10 不是只定目标就行的时光机法

时光机法是一种通过确定明确的日期，为相对模糊的目标设定路线的方法。

时光机法是指设定时间限制后再去实现目标的问题解决方法。

可以将实现目标设定为从现在开始n年之后，然后就可以设定$n/4$年后、$n/2$年后距离目标的检查点。这种方法考虑的是，要想实现目标，$n/2$年后（一半任务的检查点）应该怎么做；然后再进一步思考，$n/4$年后（1/4任务的检查点）必须变成什么样。

时光机法是用于设定和实现目标的路线图，因而具有可以提高动力的效果。

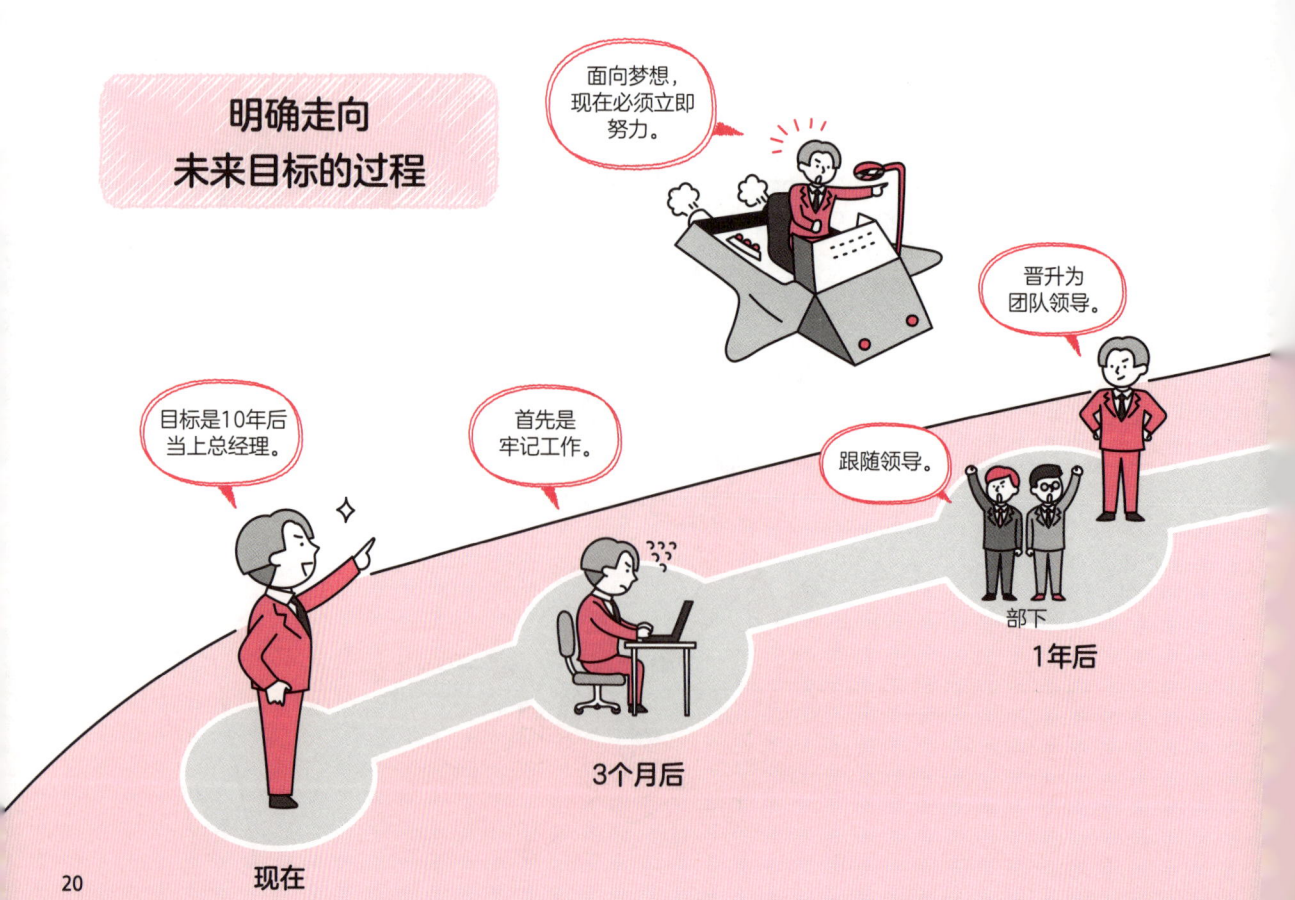

明确走向未来目标的过程

面向梦想，现在必须立即努力。

目标是10年后当上总经理。

首先是牢记工作。

跟随领导。

晋升为团队领导。

现在 — 3个月后 — 1年后（部下）

目标的实现有两种方法。一种是根据现在开始的积累预测未来，朝着目标行动的"**预测**"；另一种则是从理想的未来回望现在，然后确定旨在达成目标的路线和任务，即"**逆推**"。

时光机法是基于逆推的一种方法。关键是不要拿未来对照现状，而是要拿现状对照未来。因此，即使在期限之前达成目标看上去很困难，也切忌轻易降低目标。应当做的是设置新的任务，始终紧盯最终目标，对计划进行修正。

第1章 用于发现和解决问题的模型

如果不是接连成功就来不及了。

● 被总经理交办大项目

拜托啦。

3年后

大项目做成功了！

做到啦！

部下

5年后

目标实现了！

总经理，这个项目我们也来做吧。

XX公司

部下

10年后

从10年后的愿景开始逆推。

关键词 ➡ ☑ 脑力书写

11 基于他人想法拓展想象力

一个人的想法是有限的，而与周围人一起思考，则可以产生新的构思和创意。

有一种团队合作的方法叫作**脑力书写**，它可以扩展思考的边界，增加点子的数量。所要用到的只是每人一张纸而已。这种方法是按照传阅板的要领依次传递用来填写的纸张，并以前一位成员写出的点子作为提示，进一步拓展思路。依次传递到自己的时候，因为不得不写，所以可以强制扩展思考的边界，增加点子的数量。此外，由于采取的是逐个人书写的方式，因而也可以从那些不太敢在人前说话的人那里收集意见。

从七嘴八舌到补充别人的意见

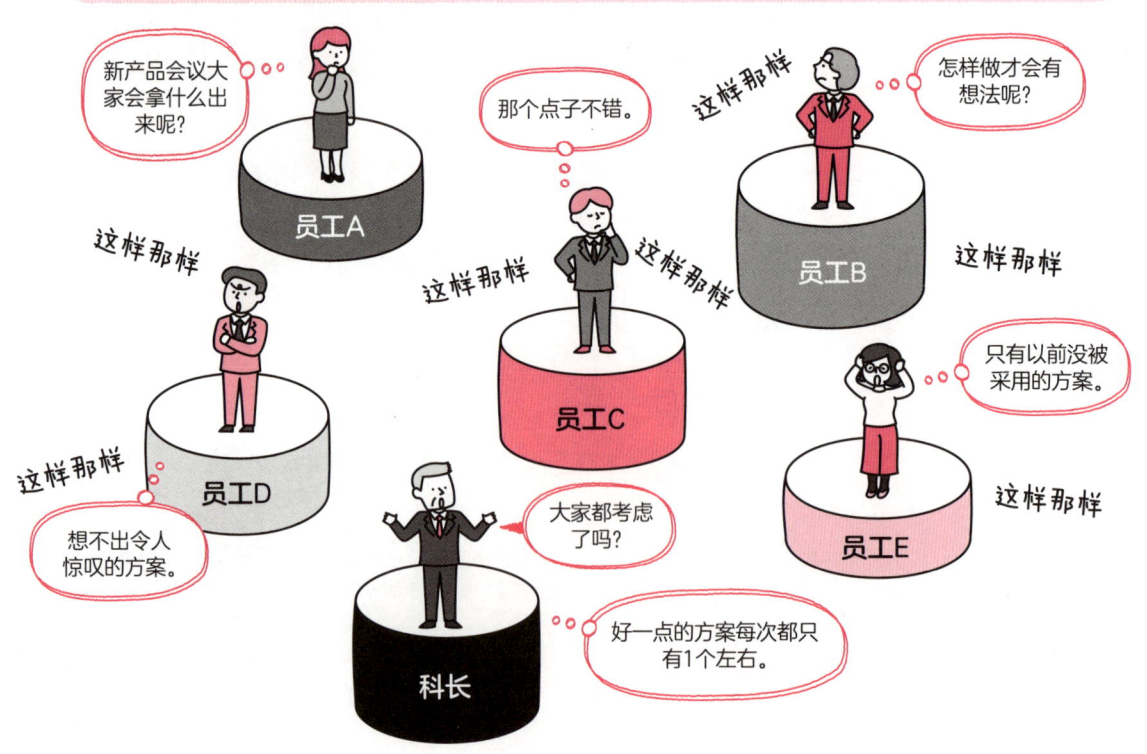

员工A：新产品会议大家会拿什么出来呢？
员工B：怎样做才会有想法呢？
员工C：那个点子不错。
员工D：想不出令人惊叹的方案。
员工E：只有以前没被采用的方案。
科长：大家都考虑了吗？好一点的方案每次都只有1个左右。

这样那样 这样那样 这样那样 这样那样 这样那样 这样那样

22

在这个模型中，每人需要准备一张纸。在起始位置时，所有人首先写上共同的讨论主题，然后，分别在纸的最上方写上想到的点子。可以设定每次3～5分钟的限制时间。第一次写完之后，把自己的纸传给下一位，然后从另一侧相邻的人那里取来他的纸。

接下来，以拿到的纸上所写的点子作为提示，丰富自己的点子，或者写出看到这个点子之后自己想到的新内容。如此反复操作，直至整张纸写满。这样收集到的点子可以充分利用每一位参加者起始位置的视角，同时思考的范围更广。

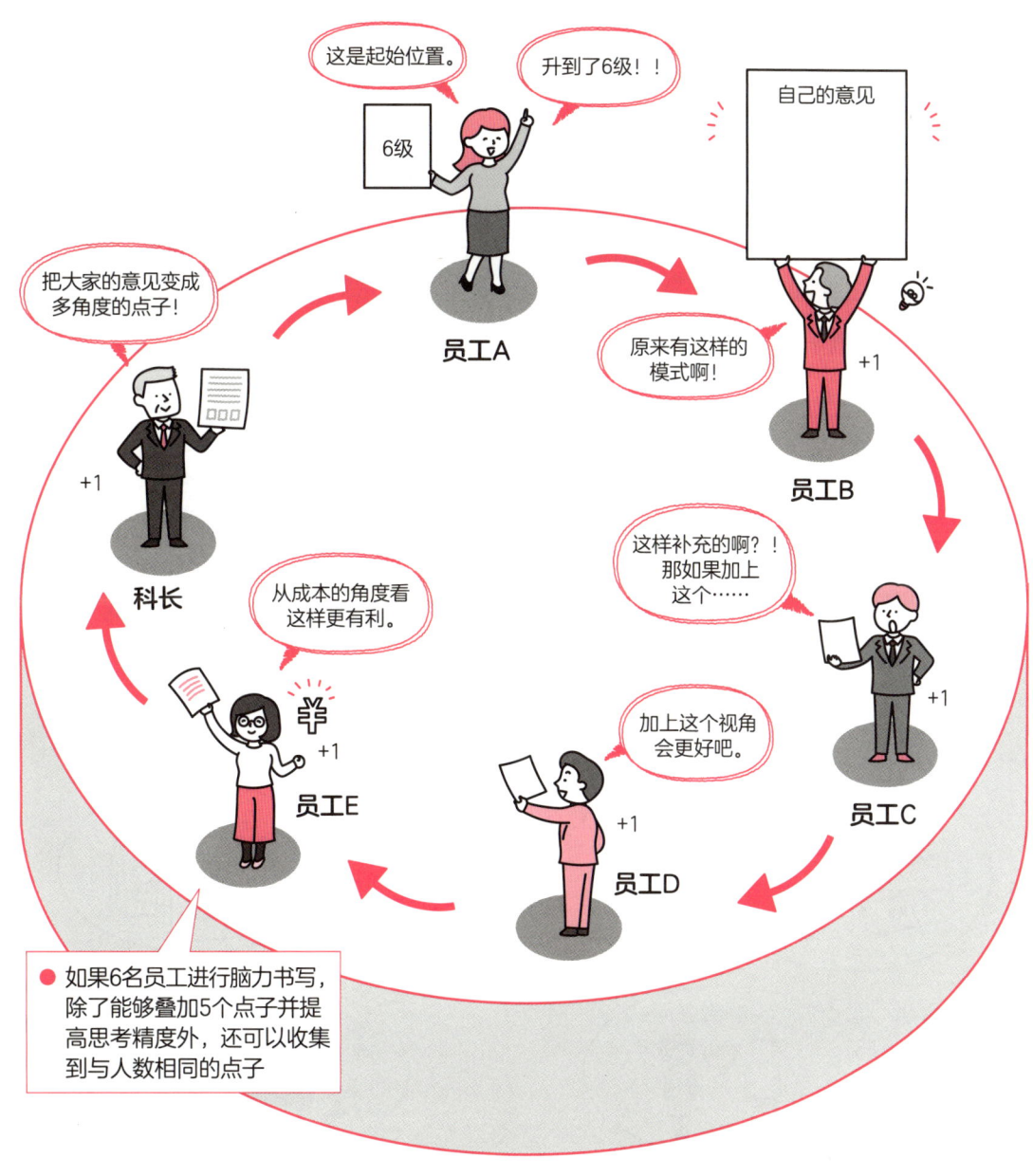

- 如果6名员工进行脑力书写，除了能够叠加5个点子并提高思考精度外，还可以收集到与人数相同的点子

关键词 ➡ ☑ **曼陀罗九宫格**

12 从1个关键词开始
以8的倍数增加创意

想不出点子的时候，准备一个曼陀罗九宫格，就可以自然写出来。

曼陀罗九宫格是一种将关键词可视化的工具。

曼陀罗九宫格思考法是在九宫格的中间方格里写上问题，然后将由此联想到的点子或关键词填到周围的方格里。准备好方格之后，由于人们普遍存在"有空必须填上"的心理作用，因此可以强制激发出点子。其首要目标是填写所有的方格，即相对于创意的"质"，更重视创意的"量"。这一工具不仅可以用于写出问题或主题的要素，还可以作为设定目标或构思创意的方法，使用范围十分广泛。

只需填写网格即可产生点子

- 接送服务？豪华车
- 必须要考虑新服务了……
- 新游戏怎么样？
- 推出积分服务吗？
- 外卖服务……
- 相亲服务？
- 3D 太酷了！哇哦 / 体验型卖点？

24

在这个模型中，我们需要从3×3的九宫格开始。

首先确定问题，将其写入中间的方格内，然后在围绕四周的网格中，填写联想到的关键词。

需进一步深入思考时，可以将填写的8个关键词分别置于各自新的曼陀罗九宫格的中心，按同样的方法拓展联想，即可获得81个网格。

除了自己一个人进行思考，通过"多人回答同一个问题"以及"一边讨论，一边进行思考"的方法，可以进一步拓展思路。这一模型看似简单，但非常便于俯瞰关键词的全貌。

借助关键词联想，思维将自由发散

关键词 ☑ 情境图、变量

13 创作故事以产生新构思的管理模型

通过创作想象的故事，获得新的主意或者想出妙计。

情境图是一种借助思考情境脚本（Scenario）来扩展创意的模型。

制作情境图要从何人（Who）、何时（When）、何地（Where）以及何事（What）这4个角度写出要素，创作情境脚本。当我们的构思落入窠臼，因想不出新点子而苦恼时，这一工具将非常有效。因为这种方法是根据随机选择的关键词来创作故事，所以有可能出现平常意想不到的离奇想法。此方法的重点在于不拘泥于常识。如果有日常工作职责完全不同的人加入，则效果更佳。

只需替换变量卡就会变成完全不同的故事

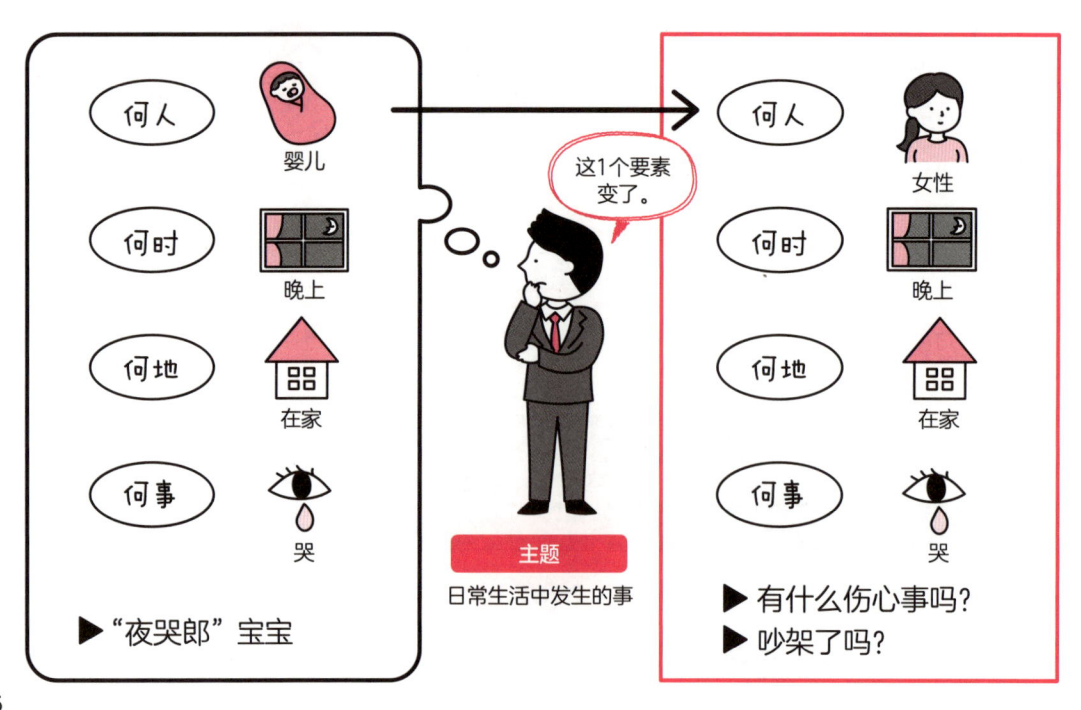

何人	婴儿
何时	晚上
何地	在家
何事	哭

▶ "夜哭郎"宝宝

主题
日常生活中发生的事

这1个要素变了。

何人	女性
何时	晚上
何地	在家
何事	哭

▶ 有什么伤心事吗？
▶ 吵架了吗？

26

这一模型的具体做法是首先设定"**变量**"。基础变量包括何人、何时、何地、何事这4个，熟悉之后可以扩展为6W2H（第2页）。

然后，为每一个变量尽可能多地准备要素。要素的数量较少时，可以灵活运用曼陀罗九宫格思考法（第24页）拓展思路。

写出足够数量的要素后，随机选择要素创作故事。此时，可以思考3个以上的故事。

即使故事或多或少有些牵强，应用这一模型创作故事情境，可以帮助人们跳出固有思维模式并提高产生新想法的可能性。

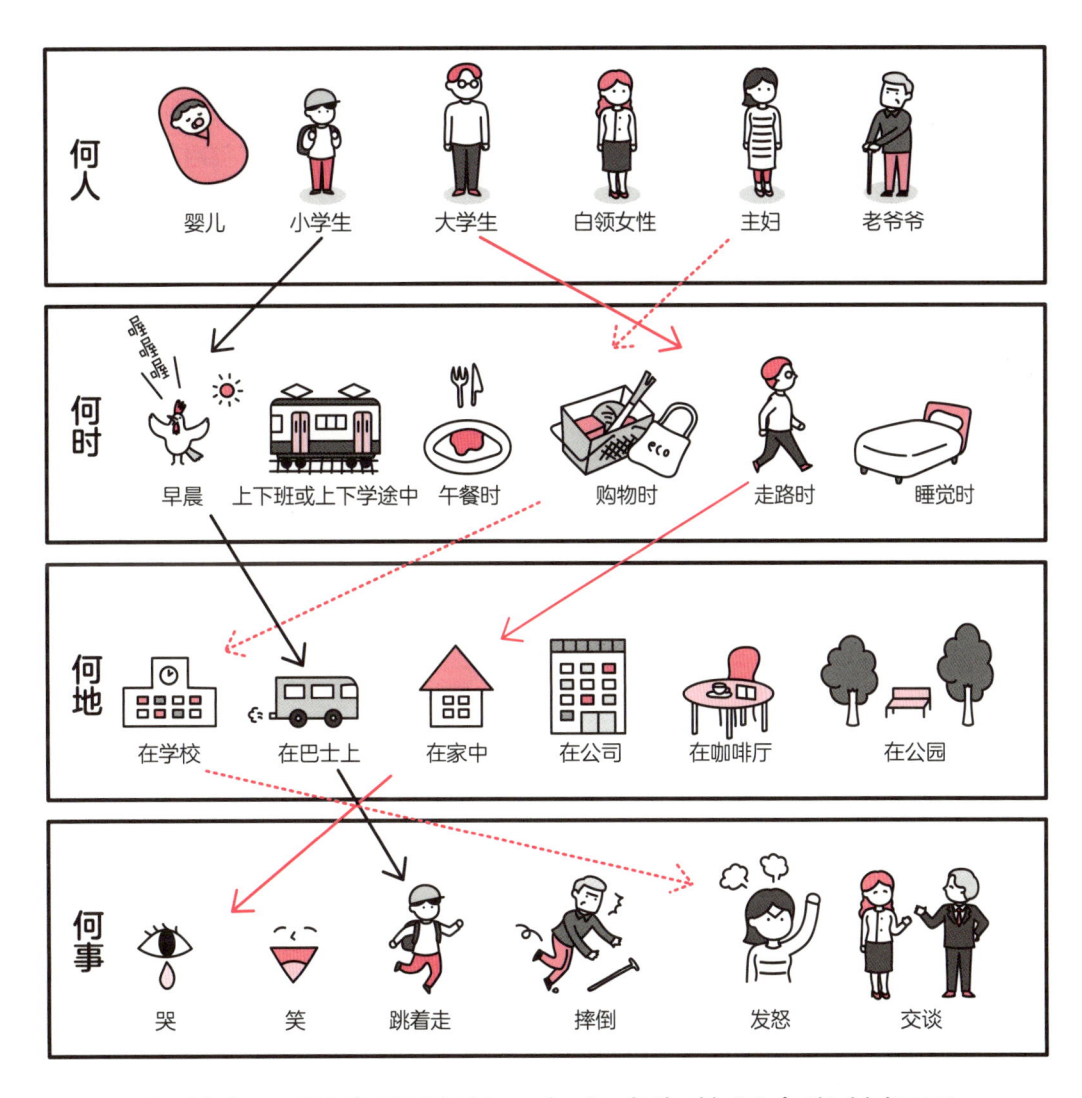

何人	婴儿	小学生	大学生	白领女性	主妇	老爷爷
何时	早晨	上下班或上下学途中	午餐时	购物时	走路时	睡觉时
何地	在学校	在巴士上	在家中	在公司	在咖啡厅	在公园
何事	哭	笑	跳着走	摔倒	发怒	交谈

即使乍一看毫无关联，也会成为获得启发的提示

关键词 ➡ ☑ 奥斯本检核表

14 用经典的9个问题发现新视角

! 用9个经典问题，摆脱思维僵化，找出新创意的切入点。

奥斯本检核表是一种在难以想出主意的时候，使用各种不同的视角强制获取创意的方法。这一模型由奥斯本设计，旨在通过对照9个方面的切入点思考某1个问题，引导出不受常识和先例限制，甚至出乎意料的创意。这9个方面的问题包括："转用""借用""改变""扩大""缩小""代用""置换""颠倒""组合"。以这些作为思维发散的切入点，就可以更高效地产生创意。

从各种不同角度思考创意

明年的捕鱼创意。

我会这样攻击。

明年我也要捕到鱼

互相提出各种主意。

大家相互配合就没问题。

从"检核表"的字面意思就可以看出，这一模型的优势在于：事先准备好问题列表，当出现思维受阻的情况时，可以随时有效利用。

"转用"是指有无其他用途，"借用"是指能否借用其他创意，"改变"表示能否改变，"扩大"表示能否扩大，"缩小"表示能否缩小，"代用"表示能否用其他东西替代，"置换"表示能否替换，"颠倒"表示如果颠倒会如何，"组合"则是指能否组合。通过提这些问题，即可获得新的视角。

此外，还可以考虑现有想法的变更余地有多大，以及对问题的来龙去脉了解多少，从而进一步加深思考。

高效产生创意的检核表

扩大 尝试增大或增加

置换 尝试替换

明年的捕鱼创意

借用 借用其他的创意

改变 改变形象或设计

我的创意最好！

缩小 减小或删除

组合 尝试相互组合

转用 找到其他的使用途径

代用 尝试用其他东西替代

颠倒 尝试颠倒过来

第1章 用于发现和解决问题的模型

关键词 ➡ ☑ 创意表

15 与他人共享并实现自己的想法

! 该工具通过思考发生问题的场景和问题解决后的场景这两个画面来寻找解决方案。

创意表是用于将头脑中的创意写出来的工具。只在头脑中思考创意，无论如何也不会做到具体化。因此，应当先在纸上把创意写出来，从自己的头脑中向外输出，并且尝试客观看待。这样一来，还可以从其他团队成员那里获得反馈。

另外，写到纸上可以保留和积累创意。同时，我们还可以灵活运用和共享以这种方式存下来的创意。

使头脑中的模糊图景具象化

创意表并没有特别的编写方法，将草图（随意的示意图等）、文字（关键词或说明文字）和来自其他人的反馈汇总到一起予以记录即可。另外，如果能用一句话写清楚备注，或者添加简单的插图、图画或裁切的照片等，也会非常有效。

收集提示信息，让脑海中的图景（Image）更加丰满，等到勾勒出一定程度的草图，即可把脑中图景具体化，通过语言表达来说明基本概要。除了概要，如果使用5W1H等模型，可以更加详细地完成创意表。如果我们能够从其他人那里获得反馈，进一步对创意的内容进行打磨，就可以在创意的构思和整理等各种情境下使用。

❶ 勾勒创意草图

即使在没有屏幕的空中……

❷ 对创意进行说明

在什么也没有的空中浮现键盘。

❸ 与他人共享

在瞳孔上投影的设备怎么样？

原来如此

❹ 采取意见进行更新

只要说"启动"，即可让瞳孔映出键盘。

关键词 ➡ ☑ 故事板

16 尝试用4个镜头的故事来总结理想

❗ 该方法可以将模糊的创意转变成明确的故事，对其进行更具体地加工。

故事板是用4个镜头的故事来使创意具体化的一种模型。

这一模型要求按时间顺序整理好理想的客户体验过程，并且描绘故事。这样可以让模糊的创意具体化和视觉化，同时阐明创意的价值。除了将画面分为4个部分来制作故事板以外，你还可以将每个场景写在贴纸上并将其粘贴在白板上，从而使故事板创建更为方便。也有人将"有问题的现状""解决问题的过程"和"问题解决后的状态"这三个内容分成4个镜头来描述。

用于解决问题的创意构思法

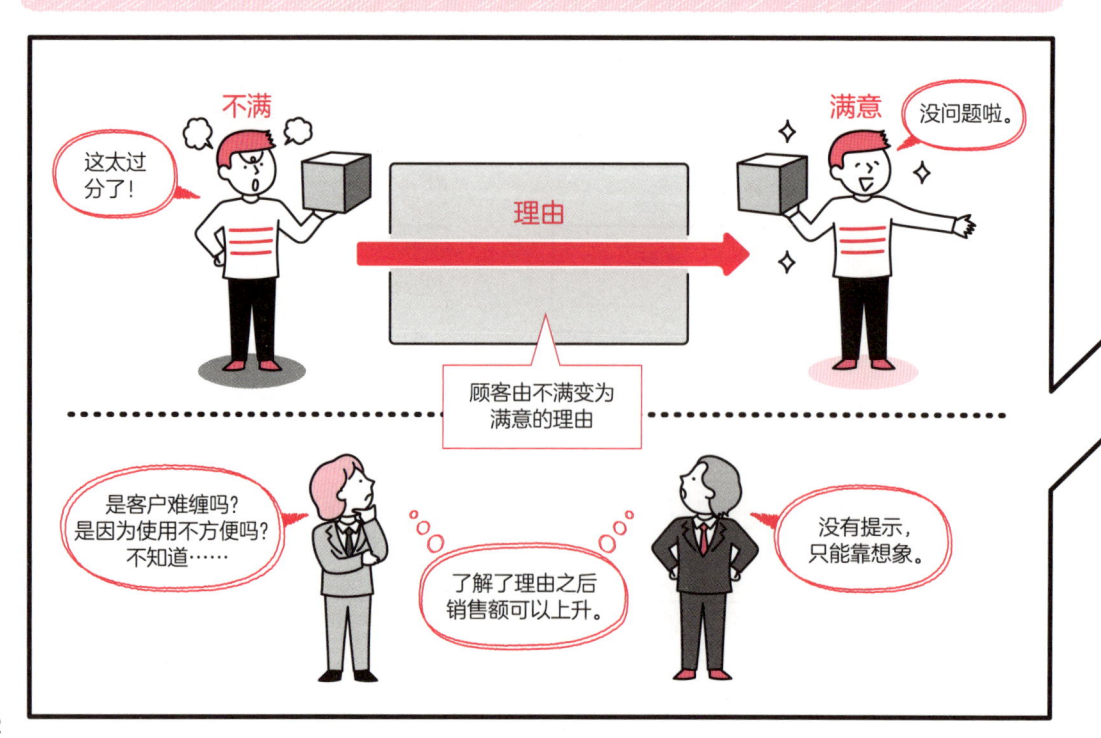

不满 — 这太过分了！

满意 — 没问题啦。

理由 → 顾客由不满变为满意的理由

- 是客户难缠吗？是因为使用不方便吗？不知道……
- 了解了理由之后销售额可以上升。
- 没有提示，只能靠想象。

使用故事板可以和创意表（第30页）拥有同样的优势，例如实现创意的可视化、共享以及改善。此外，还可以通过故事来共享头脑中与客户变化相关的图景。

首先在第1格中填写有问题的现状，也可以说是讨论主题或者需求。其次在第4格中填入问题解决之后的状态（目标）。接下来，拆分达到目标的过程，填写到第2格和第3格中。

除此之外，在讨论时还应当注意：时间引起的变化是否会对创意造成影响，解决的流程中是否存在矛盾或者不合逻辑等问题。

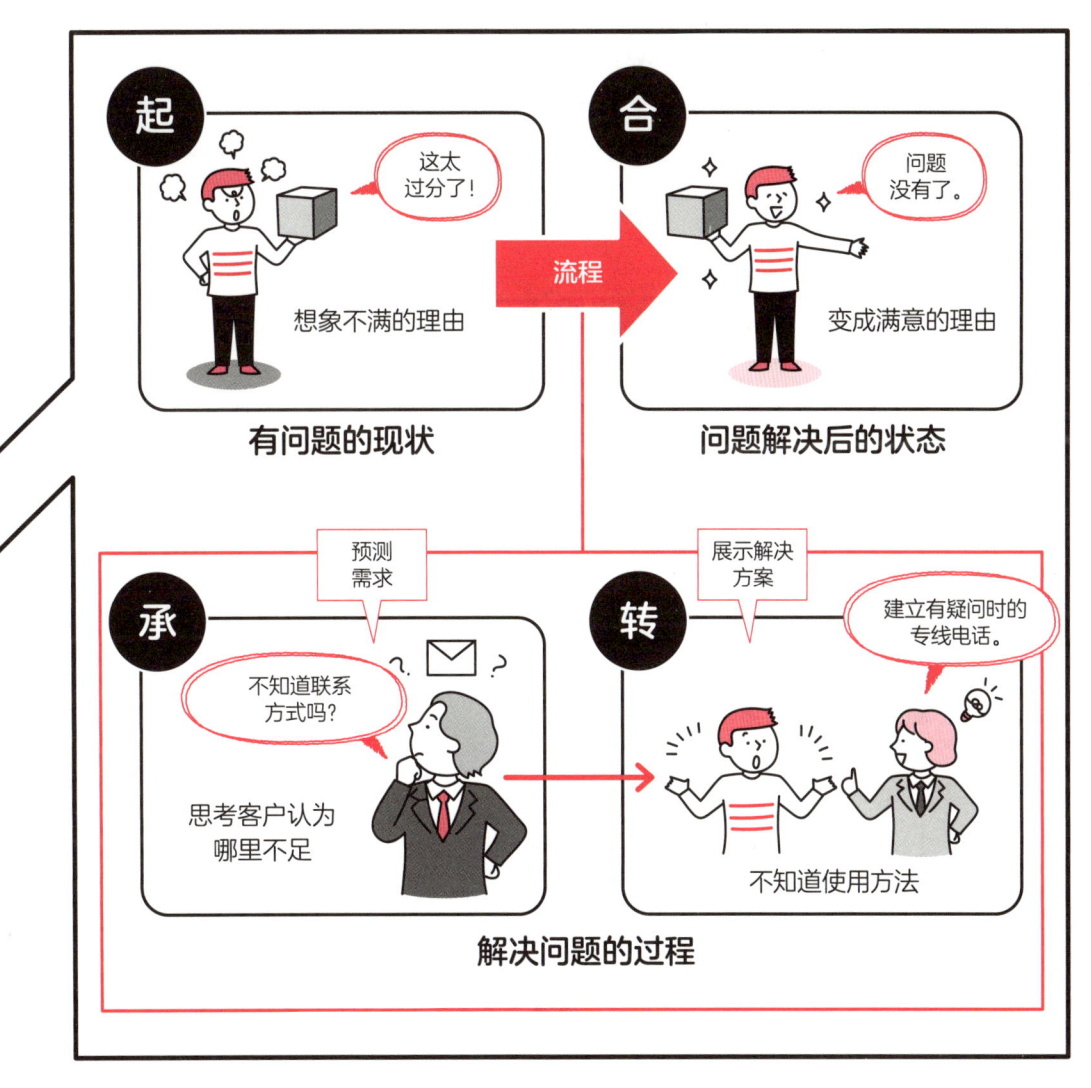

起 —— 这太过分了！
想象不满的理由
有问题的现状

合 —— 问题没有了。
变成满意的理由
问题解决后的状态

流程

预测需求

承 —— 不知道联系方式吗？
思考客户认为哪里不足

展示解决方案

转 —— 建立有疑问时的专线电话。
不知道使用方法

解决问题的过程

关键词 ➡ ☑ 优缺点清单

17 在做出选择时比较优缺点

在对两个事物进行比较之后做出决策时常用的比较模型。

优缺点清单（Pros/Cons）是在选择是否采用某一方案或者从若干个方案中选择最佳方案时非常好用的一个模型。该模型关注选项的优点和缺点，通过对比做出决策。

在拉丁语中，Pros表示赞成（优点、优势），Cons则表示反对（缺点、劣势），Pros/Cons表示"赞成或反对"的意思。制定优缺点清单时，首先针对某一方案，尽可能多地写出优点和缺点。然后，针对列举出来的正反意见，不是按照数量的多少，而是以相同的基准对各个理由的重要程度进行评估，判断出哪一方有优势。

尝试比较优点和缺点吧

通过社交网络吸引客户的优缺点有哪些？

优点：
- 送到有兴趣的用户那里。
- 轻松发送信息。
- 发送信息不需要成本。

缺点：
- 需要持续发送信息。
- 在出效果之前需要时间。
- 社交网络运营公司可能随时停止服务。

优缺点清单不受前提和立场的左右，通过它写出中立的优点和缺点，可以帮助人们比较事物的优劣，正确把握利益和损失。此外，这一方法从相反的两方面对事物进行探讨，可以让所有成员认识到不同的观点，从而做出合理的决策。

尽管优缺点清单是一种非常有效的分析工具，但并不能直接形成结论。因此，我们必须在做出决策的同时，认真思考自己公司所处的环境和面临的问题。这一模型采用两方面对立思考的方式，因而在考虑"某一问题应当如何应对（选A还是选B）"的情境下尤其能够发挥威力。

要点

通过汇总各主题的优点和缺点，可以制定今后的策略

那么不用社交网络吸引客户的优缺点又有哪些呢？

无法吸引年轻人群体。

跟不上时代。

拓展客户更难。

可以避免因误发信息造成的网络论战。

可以为信息本身赋予价值。

可以和客户面谈。

优点　　缺点

关键词 ➡ ☑ 支付矩阵

18 将想法列入图中，找到可以实现的目标

将诸多想法按照效果和可实现性进行划分和判断时常用的工具。

支付矩阵是指用"效果"和"可实现性"两个维度将想法列入绘制的矩阵中，实现高效选择的一种模型。当有多个选项时，该模型也可以有效用于确定优先顺序或者筛选研究对象。

在支付矩阵中，我们在"效果"维度上考虑把获得的收益或成果等"效果的高低"作为指标。而在"可实现性"维度上，则以实际情况下"成本及难易度"作为指标。参照两个维度对各个选项进行配置，可以直观地选出效果高且可实现性也高的选项。

要想对很多想法进行筛选……

如何提高客户满意度

销售者　企划者　开发者　制造者　经营者　玩具制造商

有很多意见，但它们的优先顺序如何呢？

销售新产品。

面向玩具迷的特别活动。

增加角色以及玩法。

降低材料费和价格。

在这一模型中，通常在横轴（可实现性）和纵轴（效果）构成的4个格子（4个象限）上进行讨论。在选项较多或者讨论更详细的情况下，也可以使用3×3的九宫格。

在提出主意的阶段，可以先不考虑可实现性或难易度，自由思考即可。准备好想法之后，画好矩阵，然后列入各个想法。在这个阶段，大家相互讨论效果与可实现性的高低，让成员之间的认知差异彼此碰撞。各个想法在矩阵中的位置确定之后，观察整体，进行评估和选择，从"效果和可实现性都高的事项"开始执行。接下来，选择执行"效果低但可以立即实现的事项"或者"效果高但难以实现的事项"。同时，也需要注意，效果和可实现性都低的，就是不予执行的选项。

支付矩阵

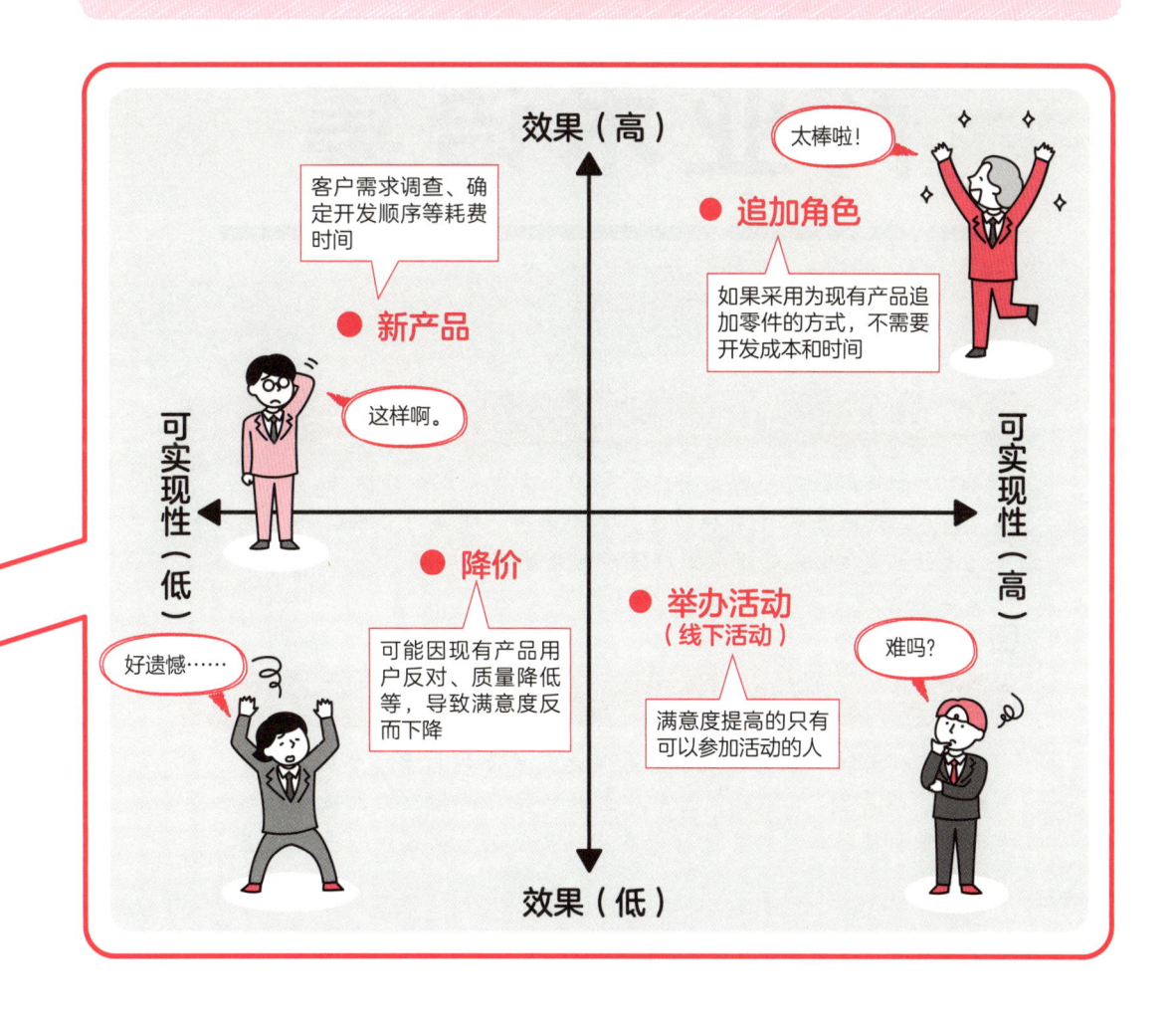

效果（高）

- 新产品
  - 客户需求调查、确定开发顺序等耗费时间
  - 这样啊。

- 追加角色
  - 太棒啦！
  - 如果采用为现有产品追加零件的方式，不需要开发成本和时间

可实现性（低） ← → **可实现性（高）**

- 降价
  - 可能因现有产品用户反对、质量降低等，导致满意度反而下降
  - 好遗憾……

- 举办活动（线下活动）
  - 满意度提高的只有可以参加活动的人
  - 难吗？

效果（低）

专栏01

理解管理模型

应知应会！
商业术语集

第1章

☑ **关键词**

流程　　　　　　　　　　　　　　　　　　　　　　　第3页

流程是指在达到目的之前所采用的业务方法或工作顺序。

从产品或服务的开发和制造，到流通等，都属于流程。除了商业以外，流程也是IT领域或印刷业所使用的关键词之一。

☑ **关键词**

矩阵　　　　　　　　　　　　　　　　　　　　　　　第8页

矩阵一词翻译自英文Matrix，通常是指母体和基体。而在商业中，则用来指"矩阵图"，即在分析某一主题中存在的相互关系或定位时，通过在纵轴和横轴上对信息进行分类，以实现深入挖掘和思考的方法。

✅ **关键词**

标绘 第8页

标绘是指在演示中将统计数据或信息置于图片或表格中适当的位置。

✅ **关键词**

任务 第8页

任务表示操作员为实现目标而应当完成的工作和作业。此外，对任务进行控制和管理称作"任务管理"；只进行一项任务称作"单任务"；同时进行多项任务称作"多任务"。

✅ **关键词**

权重 第11页

权重是指对各评价因子分别确定重要程度并给出数值，通过数值化的方式对多个选项进行评价。评价因子的权重越大，该选项的重要度越高，这样很容易在解决问题时获得提示。

✅ **关键词**

五个为什么 第15页

"五个为什么"是指作业过程中发生任何问题时，为了解决问题，查明原因并防止再次发生，可以自问自答五次"为什么会发生"。五个为什么是丰田汽车公司所采用的方法。

☑ 关键词

预 测　　　　　　　　　　　　　　　　　　　　第21页

　　预测是指在对当前和过去的数据进行分析的同时，思考未来的目标。其优点是易产生可实现性高的想法，但另一方面，由于是在过去的基础上树立目标，因而目标可能变得模糊，难以产生创新的想法。

☑ 关键词

变 量　　　　　　　　　　　　　　　　　　　　第27页

　　变量是指变化的数值和要素。在进行各类分析时，将什么设定为变量非常关键。

☑ 关键词

奥斯本检核表　　　　　　　　　　　　　　　　第28页

　　奥斯本检核表是由亚历克斯·费克尼·奥斯本（Alex Faickney Osborn）提出的用于获取想法的方法之一。想不出好主意的时候，通过强制对照问题进行思考，可以激发思路，产生意想不到的突破性想法。

第 2 章

市场营销模型

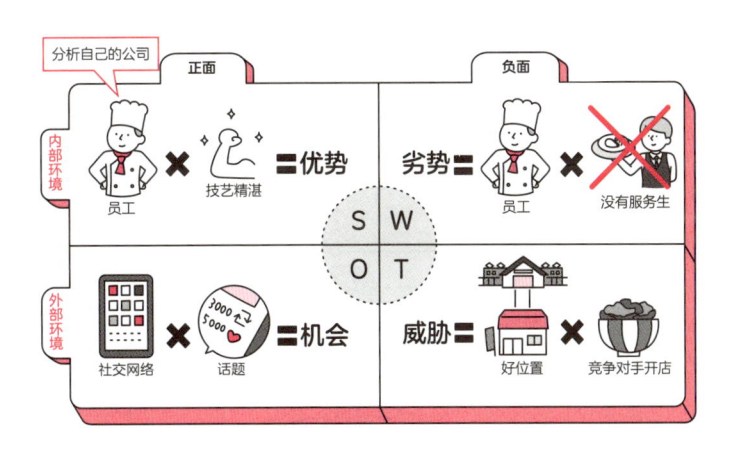

在营销之前，制定产品销售策略
是必不可少的。
通过使用该模型分析与竞争对手之间的
实力对比和客户需求等，
可以找出制定策略的方向。

关键词 ➡ ✓ PEST分析、宏观环境

01 预测社会变化，制定未来战略

PEST分析是在分析自己公司难以改变的外部环境（宏观环境）、思考公司的前进道路时非常有用的一种工具。

当您想对社会动向进行分析并预测新需求时，**PEST分析**非常有用。PEST是Politics（政治）、Economy（经济）、Society（社会）、Technology（技术）这四个英文单词的首字母缩写，这一模型用于分析**宏观环境**（即自己公司难以改变的社会现象）。由于从现状分析到未来预测都可以使用PEST分析，因此其优势在于能够预测未来几年的社会状况，然后据此进行反向推演，并将其用于战略规划和产品战略中。

PEST分析的4个切入口

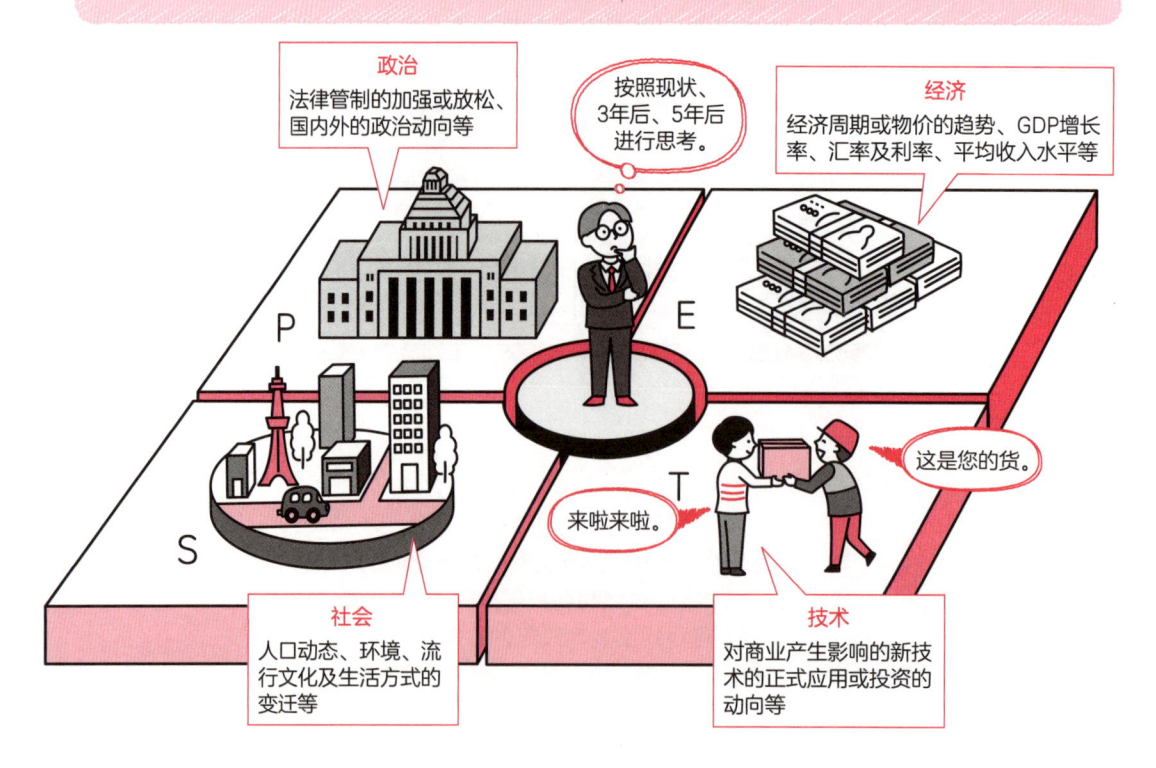

政治
法律管制的加强或放松、国内外的政治动向等

按照现状、3年后、5年后进行思考。

经济
经济周期或物价的趋势、GDP增长率、汇率及利率、平均收入水平等

来啦来啦。

这是您的货。

社会
人口动态、环境、流行文化及生活方式的变迁等

技术
对商业产生影响的新技术的正式应用或投资的动向等

需要注意的是，PEST分析的各要素是相互关联的。例如新技术会改变人们的生活，同时也可能促成相关法律的制定。此外，使用PEST分析时，分析的始终是自己公司无法施加影响的环境因素，即宏观环境。而对于市场等会受到自己公司行动影响的要素，则更适合使用"3C分析法（第86页）"等工具。同时，从社会的角度而言即使是很重要的因素，如果对自己公司的战略不产生影响，也可以不予记录。顺便提一下，近年来，也有人将生态（Ecology）加入进来，将这一模型称作PESTE分析。这样做是为了分析台风等自然灾害的增加以及地球变暖等将产生什么样的影响。

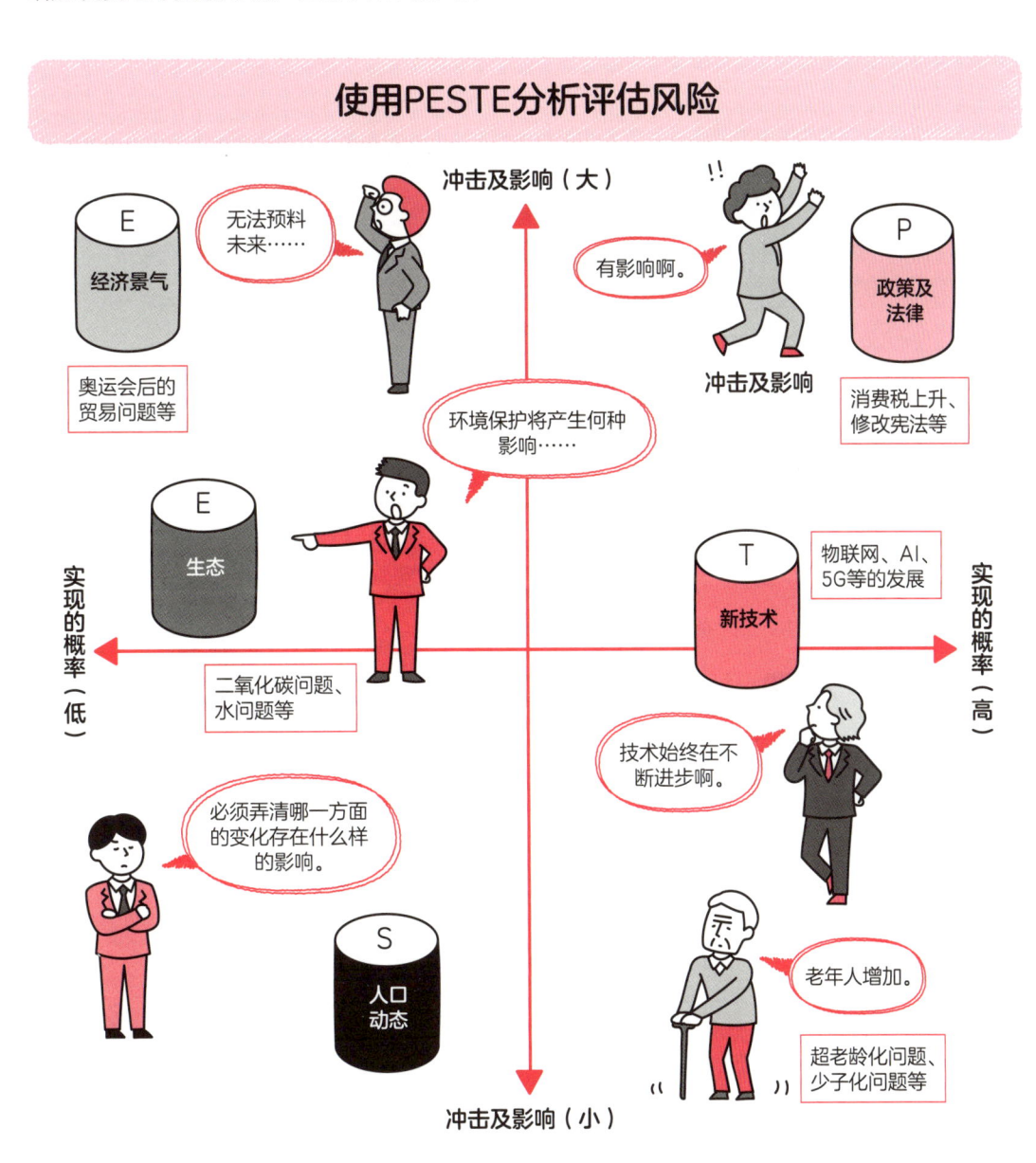

使用PESTE分析评估风险

E 经济景气
- 无法预料未来……
- 奥运会后的贸易问题等

P 政策及法律
- 有影响啊。
- 冲击及影响
- 消费税上升、修改宪法等

E 生态
- 环境保护将产生何种影响……
- 二氧化碳问题、水问题等
- 必须弄清哪一方面的变化存在什么样的影响。

T 新技术
- 物联网、AI、5G等的发展
- 技术始终在不断进步啊。

S 人口动态
- 老年人增加。
- 超老龄化问题、少子化问题等

坐标轴：冲击及影响（大/小），实现的概率（低/高）

关键词 → ☑ 市场细分、目标营销、人口动态、红海

02 明确目标客户的市场细分与目标营销

要想在业务中筛选客户，就必须明确应当瞄准的客户群。如果要进行这样的筛选，细分可以有效地发挥作用。

在我们用PEST分析进行过需求预测之后，需要对预测结果进行筛选。即使预测了很多需求，也不可能全部予以应对。因此，在这种情况下，**市场细分**与**目标营销**就变得很重要。所谓市场细分，是指对市场进行一定程度的划分；而目标营销则是指从细分的市场中选择适合自己公司拓展的市场（参照第64页的STP）。市场细分与目标营销旨在分析本公司的优势可以在什么样的市场中起到作用，以及今后将出现增长的市场在哪里。

区分市场后筛选目标客户

成为普通商品

面向20~30岁女性开发护手霜！

有各种各样的人，面向谁呢？

白领女性　女大学生　自由职业女性　母亲

如果目标客户不明确，则产品将没有特点

要实现客户的细分，需要分析地理变量、**人口动态**变量以及心理变量等市场细分变量。例如，地理变量包括地域性或气候，人口动态变量则包括年龄和性别等。而要瞄准这样细分市场中的哪一个，则可以使用市场规模（Realistic Scale）、成长性（Rate of Growth）、竞争（Rival）、优先顺序（Rank）、可实现性（Reach）以及反应（Response）这6个评价标准（6R模型）来判定。尤其重要的是市场规模、成长性和竞争3个标准。重点在于通盘考虑这几个标准的平衡。即使是成长性高且规模不断增大的市场，如果是竞争较多的**红海**（第75页），也很难获利。

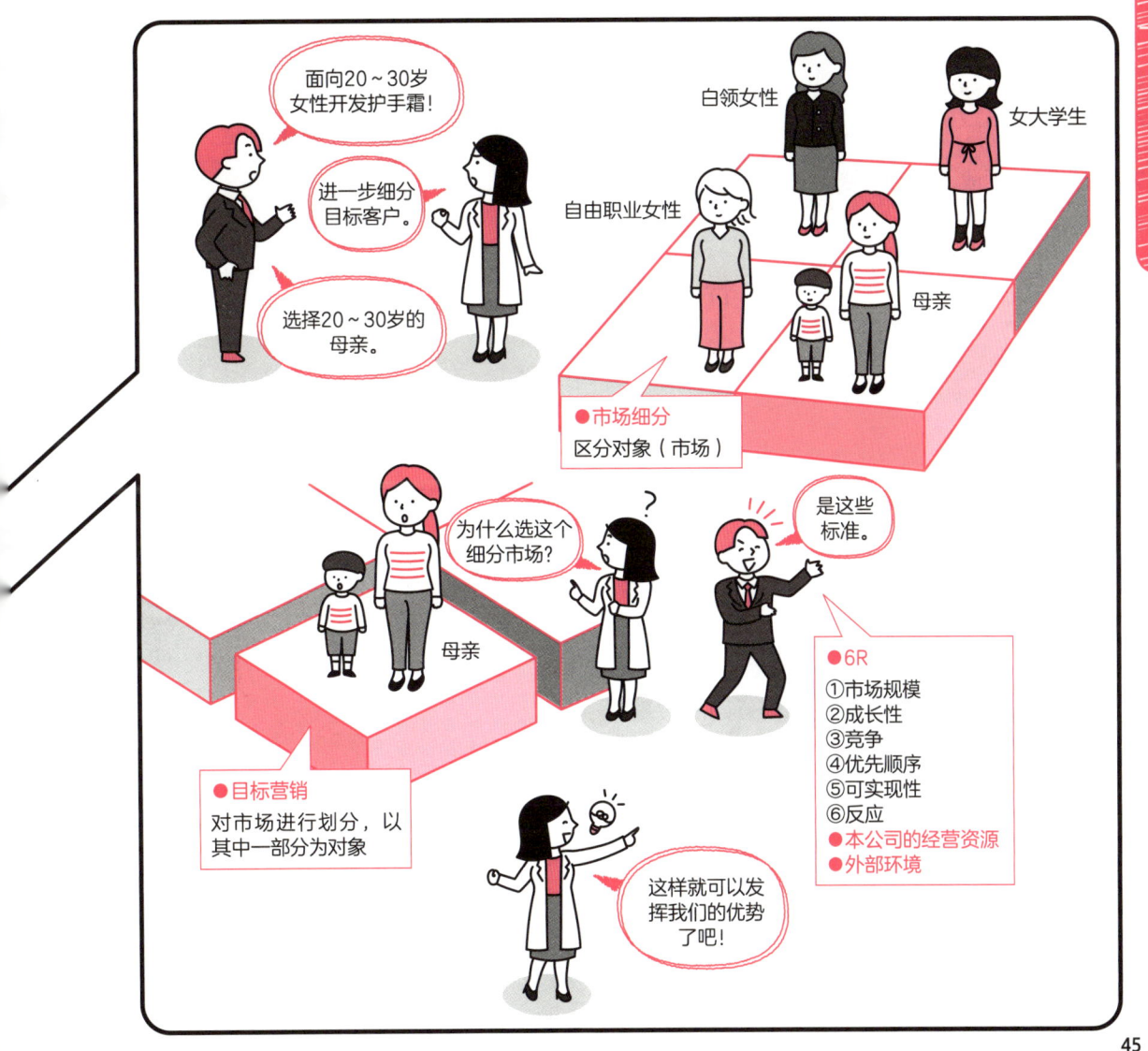

第 2 章 市场营销模型

面向20~30岁女性开发护手霜！

进一步细分目标客户。

选择20~30岁的母亲。

白领女性

女大学生

自由职业女性

母亲

● 市场细分
区分对象（市场）

为什么选这个细分市场？

是这些标准。

母亲

● 目标营销
对市场进行划分，以其中一部分为对象。

这样就可以发挥我们的优势了吧！

● 6R
① 市场规模
② 成长性
③ 竞争
④ 优先顺序
⑤ 可实现性
⑥ 反应
● 本公司的经营资源
● 外部环境

关键词 → ✓ **战略画布**

03 找出蓝海的分析工具

开展新的创业项目时，需要关注与自己公司存在竞争关系的其他公司。
该工具可用于寻找没有竞争的有利土壤。

如果想避免"红海"，找到"蓝海"市场来开展业务，可以怎样做呢？由W. 钱·金（W. Chan Kim）教授和勒妮·莫博涅（Renée Mauborgne）教授提出的**战略画布**即可实现这一目标。使用这一模型时，首先挑选出对客户和消费者而言有重要价值的因素，然后充分掌握本公司和竞争对手分别处于何种程度。再对相关因素采取"剔除""大幅减少""大幅增加"和"创造"中的任意一个战略行动。

什么是蓝海战略

▰ 美发行业的蓝海战略实例（日本QB House理发店）

时间：约10分钟
服务：仅剪发
收费：1200日元（本公司1000日元）
场所：写字楼街道及地铁站前

QB House理发店
很快结束。
价格便宜。
就在公司附近，平常来也方便。

时间：60分钟
服务：剪发、刮胡子、按摩、吹发
收费：4000日元左右
场所：自己家附近

一般的理发店

抓住客户需求
迅速上升

"剔除"是指排除那些没有价值但一直持续存在的因素，或者仅仅因为常识或习惯而保留但应当排除的因素。"大幅减少"指的是存在大量竞争的因素以及应当被降低到行业标准之下的因素。而"大幅增加"则与之相反，指的是应该被提升到行业标准之上的要素，以及可以解决客户长期痛点的因素。"创造"与"大幅增加"类似，指的是迄今未被提供，但今后应该被创造出来的因素，包括可以给客户带来新价值、产生新需求的因素等。在差异化竞争中，尤为重要的是"创造"行业中迄今没有的要素，同时完全"剔除"现有的没有价值的要素。

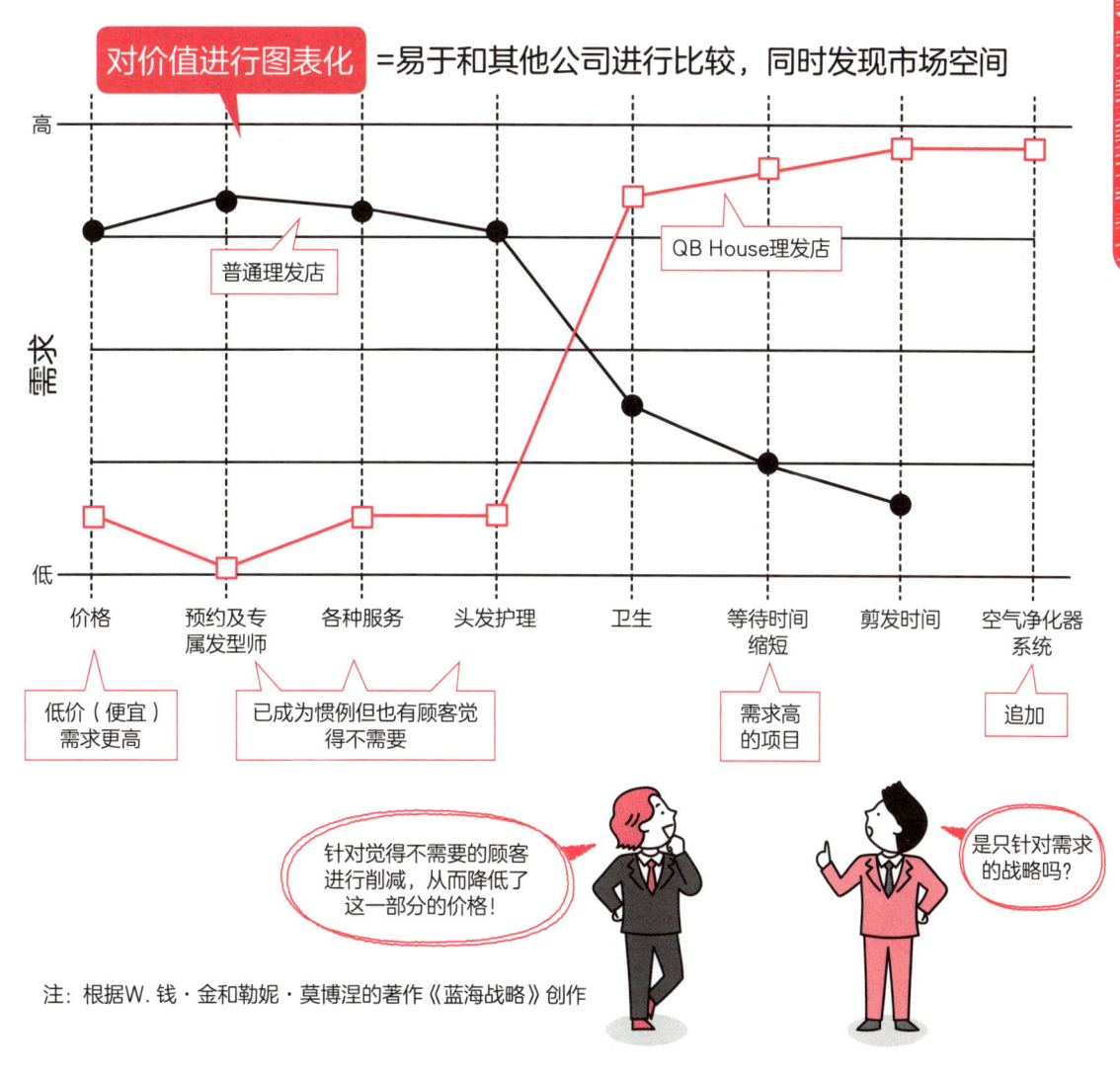

借助战略画布实现差异化

对价值进行图表化 = 易于和其他公司进行比较，同时发现市场空间

纵轴：需求（高／低）

横轴项目：价格、预约及专属发型师、各种服务、头发护理、卫生、等待时间缩短、剪发时间、空气净化器系统

- 普通理发店
- QB House理发店

说明：
- 价格：低价（便宜）需求更高
- 预约及专属发型师：已成为惯例但也有顾客觉得不需要
- 等待时间缩短：需求高的项目
- 空气净化器系统：追加

针对觉得不需要的顾客进行削减，从而降低了这一部分的价格！

是只针对需求的战略吗？

注：根据W. 钱·金和勒妮·莫博涅的著作《蓝海战略》创作

关键词 ➡ ✓ 认知度分析

04 了解客户对本公司产品或服务的认知度

无论多么出色的产品或服务，如果不为人所知，也就不会被购买。通过了解自己公司的认知度，即可看清应该采取什么行动。

所谓**认知度分析**，是指对本公司的产品或服务在多大程度上被公众所知晓或认知进行分析。认知度大致可分为两个层次，一个是再认度，另一个是再现度。再认度也被称作"再认知名度"或"协助回想度"，通常在调查时可以询问"您知道XX产品吗？"即使调查对象记得不太清楚，在调查者的协助之下也可以回想起来。

再认度

你知道XX啤酒吗？

不知道……

在补充信息后回答出的概率将上升

啊，那个广告啊！

就是XX明星说"超好喝"的那个广告。

认知度分析
①再认度分析
＝在有提示的情况下能否说出品牌名

再现度也被称作"再生知名度"或者"纯粹回想度",指的是当提出类似"说起啤酒您会想到什么牌子?"的问题时,在不提示具体产品信息的前提下,就可以答出来的情况。如果对应AIDMA法则(第70页),可以认为:再认度是A,即Attention(认知)的阶段;而再现度则到了M,即Memory(记忆)的阶段。通过这两个指标,即可获知产品在多大程度上被公众知晓,以及在多大程度上被公众记住。但是,由此得知的仅是认知度,和市场占有率或利润并没有直接联系。此外,在调查时应当注意,需要按照从再现度到再认度的顺序来提问。

再现度比再认度低

说到啤酒品牌会想起的是?

"干啤"吧。

由于没有补充,说出品牌名的可能性更低

其他公司吧……

认知度分析
②再现度分析
=在没有提示的情况下能否说出品牌名

关键词 → ✓ SWOT分析、外部环境和内部环境

05 用4个要素分析本公司的经营环境

企业是各种各样资源的集合体。
因此，我们非常有必要关注企业所处的经营环境，寻找自己公司的优势。

SWOT分析可以说是企业分析的基本工具。对自己公司的外部环境和内部环境按照积极因素（正面）和消极因素（负面）构成的2×2矩阵进行分析，内部环境的积极因素称作Strengths（优势），消极因素称作Weaknesses（劣势）；外部环境的积极因素称作Opportunities（机会），消极因素称作Threats（威胁）。SWOT模型即这4个英文单词的首字母缩写。虽然这是一个简单的矩阵，但在讨论经营管理话题或业务机会时非常有用。

SWOT分析

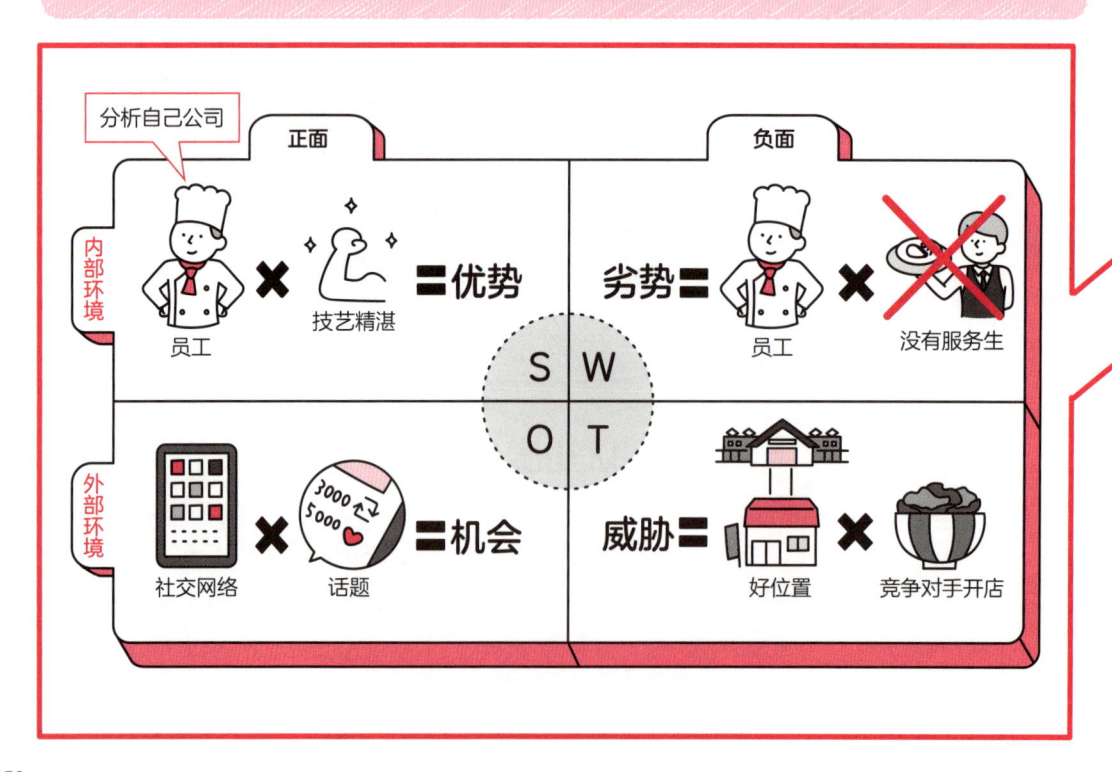

	正面	负面
内部环境	员工 × 技艺精湛 = 优势	劣势 = 员工 × 没有服务生
外部环境	社交网络 × 话题(3000→5000) = 机会	威胁 = 好位置 × 竞争对手开店

（分析自己公司）

50

但是，正是因为SWOT分析比较简单，所以需要注意，如果在图表中汇总的元素太过丰富，反而可能导致分析的精度下降。因此我们应当牢记一点，在思考时，务必关注正反两个方面。同时，也必须从多个要素中挑选出特别重要的要素。此外，在进行SWOT分析时，尽管很容易区分**外部环境和内部环境**，但某一要素是否是积极因素，则可能受内外部环境的影响。例如"公司规模小"，在经营资源、知名度和品牌力方面会是劣势；但就灵活机动、决策快的"速度感"而言，则又可以成为优势。因而将分析得出的劣势或威胁当作优势或机会的想象力也非常重要。

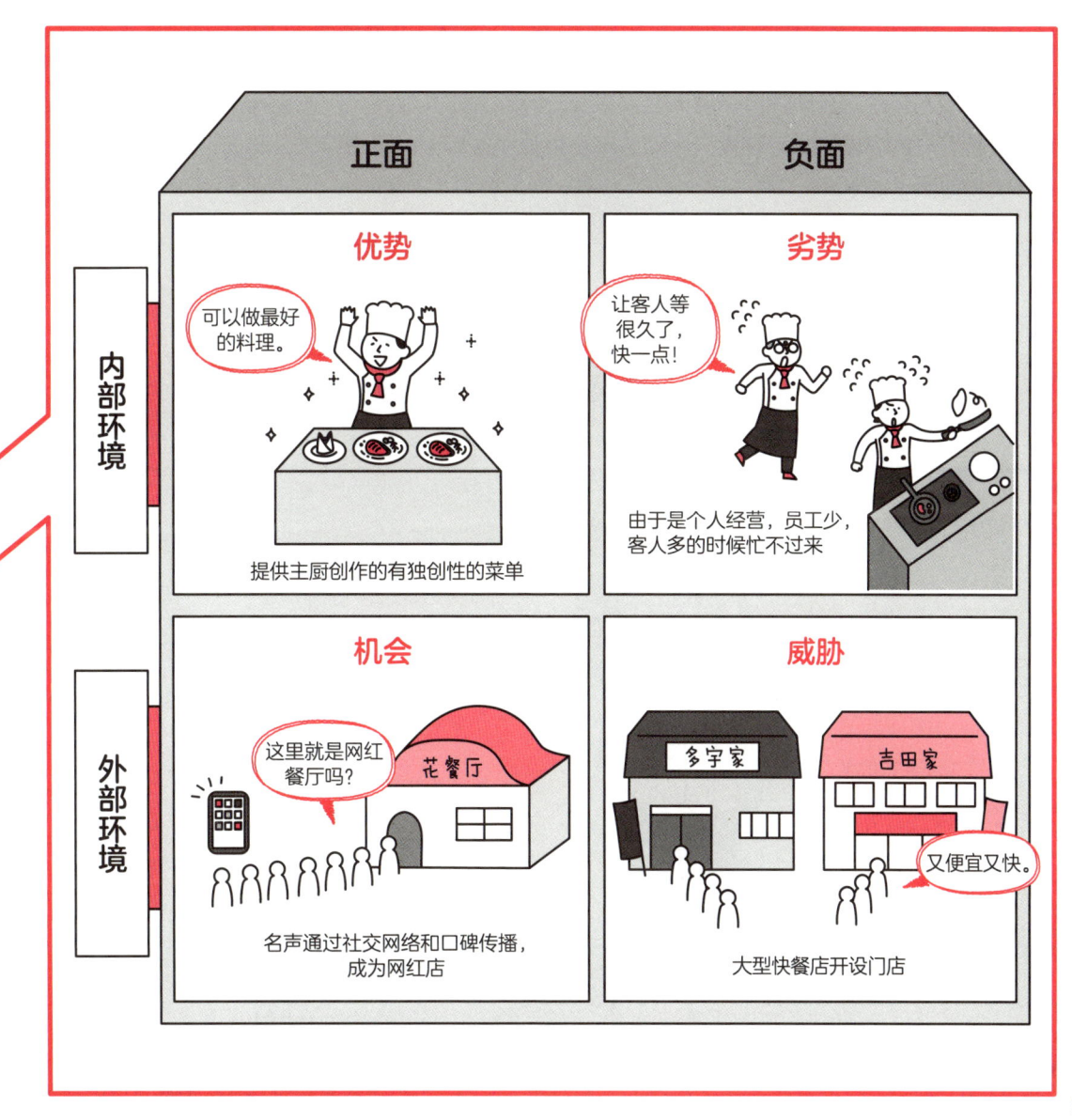

内部环境

优势
可以做最好的料理。
提供主厨创作的有独创性的菜单

劣势
让客人等很久了，快一点！
由于是个人经营，员工少，客人多的时候忙不过来

外部环境

机会
这里就是网红餐厅吗？
名声通过社交网络和口碑传播，成为网红店

威胁
又便宜又快。
大型快餐店开设门店

关键词 ☑ 客户忠诚度分析、净推荐值

06 为什么获得客户很重要

一直以来人们都说，开拓好主顾是生意兴隆的秘诀。
如果能够理解获得客户的重要性，就能发现应当采取的战略。

忠诚度在营销中表示客户对企业的偏爱和信任。忠诚度高的客户，不仅重复购买率更高，还会向周围人宣传，且即使价格略高也能接受，因此会比其他客户产生更高的利润。通过调查和分析客户的忠诚度，可以找出公司的不足之处，并且可以得出自己公司的产品或服务需要多大程度的忠诚度。

客户忠诚度受重视的原因

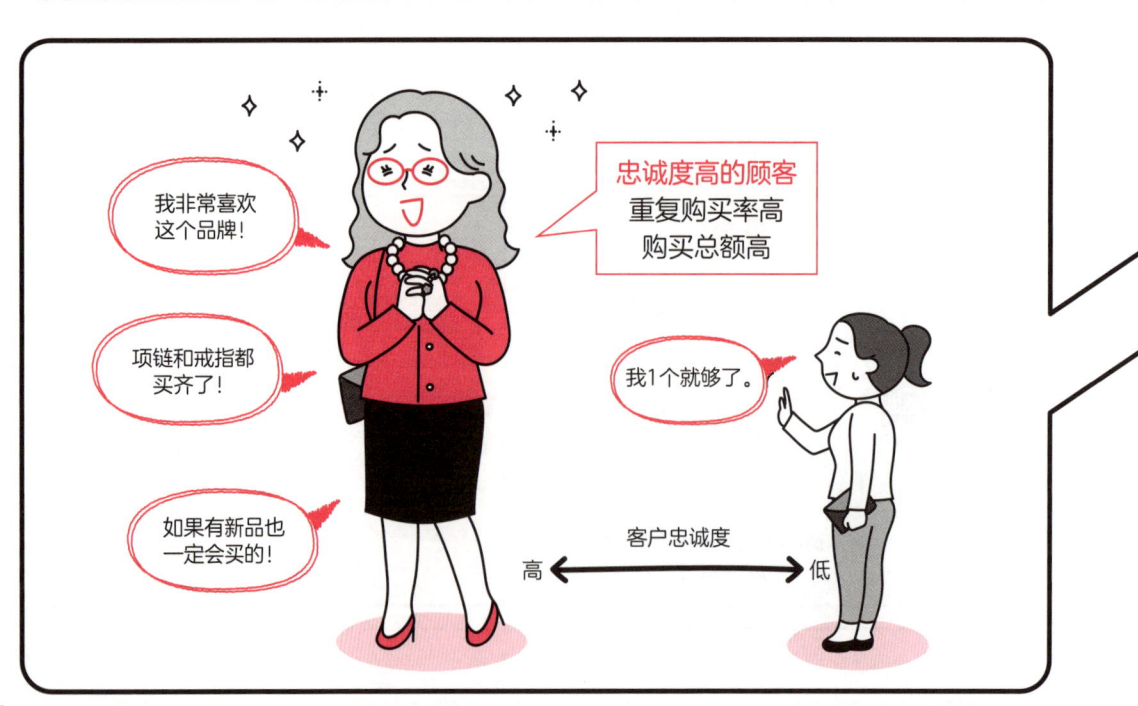

我非常喜欢这个品牌！

项链和戒指都买齐了！

如果有新品也一定会买的！

忠诚度高的顾客
重复购买率高
购买总额高

我1个就够了。

客户忠诚度
高 ←→ 低

客户忠诚度分析通常采用调查问卷的形式进行。询问复购次数等内容的满意度调查最为简便，但也存在其他缺点。例如由于没有其他竞争，造成复购次数增加，结果看上去满意度很高，但可能与忠诚度没有直接关系。这里所使用的是**净推荐值**，即在调查问卷中，以10分为满分，询问"向朋友推荐本公司（或产品）的可能性有多大？"有研究结果表明，由此得出的净推荐值与客户忠诚度存在很强的关联性。

与此同时，通过询问"推荐（或不推荐）产品或服务的理由"，可以分析出提高忠诚度需要做些什么。

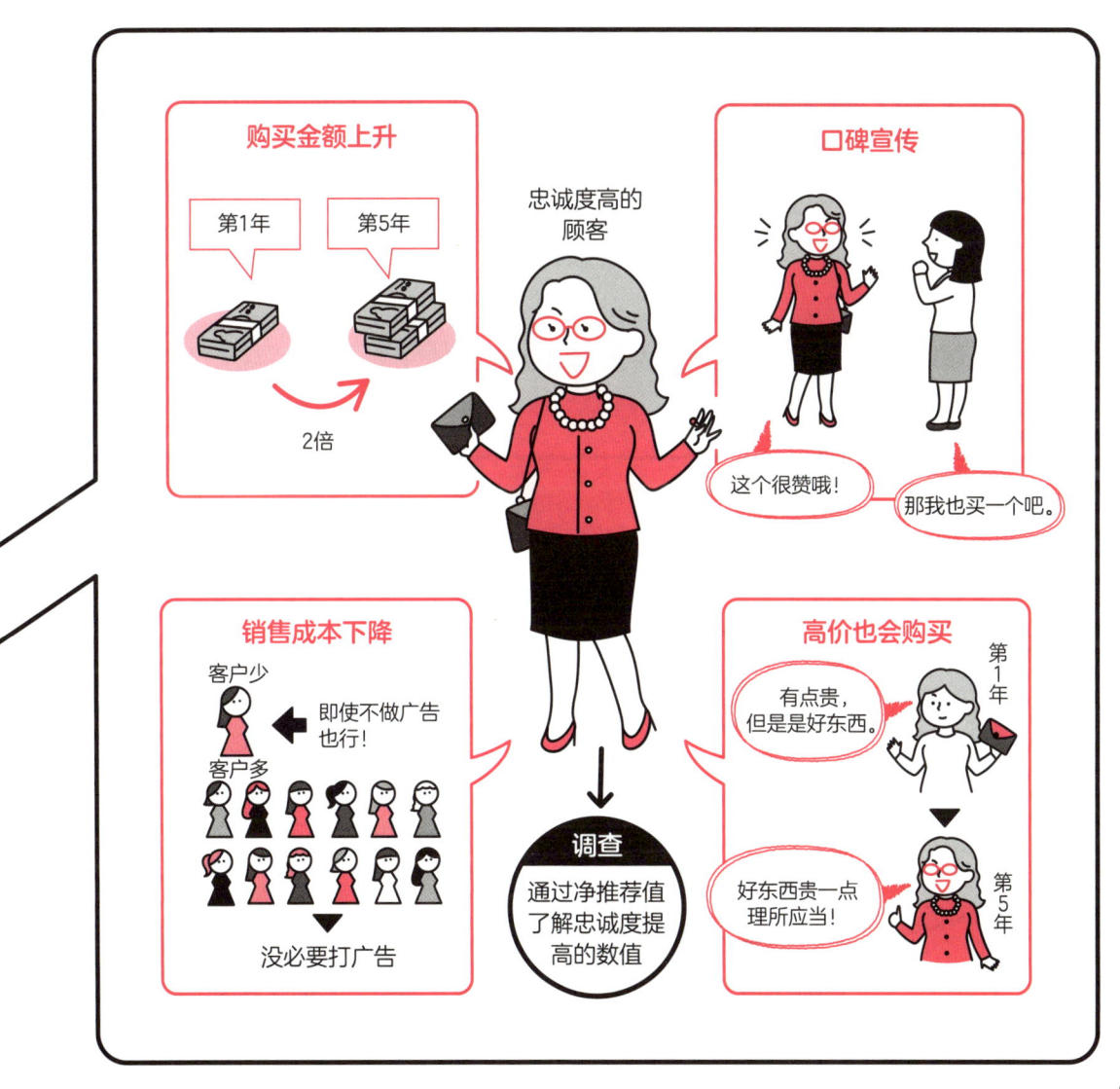

购买金额上升
第1年 → 第5年　2倍

口碑宣传
这个很赞哦！
那我也买一个吧。

忠诚度高的顾客

销售成本下降
客户少 ← 即使不做广告也行！
客户多
没必要打广告

高价也会购买
有点贵，但是是好东西。（第1年）
好东西贵一点理所应当！（第5年）

调查
通过净推荐值了解忠诚度提高的数值

关键词 ➡ ☑ 品牌资产

07 好的品牌具有资产价值

相比不知名的公司，客户通常会选择知名的公司。
为了能够对其他公司取得优势，实现品牌化非常重要。

品牌资产模型就是将品牌所拥有的要素视作资产，并且评估其经济价值，包括"品牌认知"（表示该品牌在多大程度上以及如何被大众所知）、"感知质量"（表示消费者在与竞争产品或服务进行比较时了解到的质量和优越性）、"品牌忠诚度"（指客户对品牌的忠诚度）以及"品牌联想"（客户对该品牌所能联想到的一切）。

品牌的哪些要素有价值呢？

品牌资产（品牌的价值）

- 品牌名称个性突出，深入人心 —— 这是XX的包！
- XX的包啊，相当不错啊！ —— 质量等方面可靠性高

品牌认知　　感知质量

这4个要素是表明该品牌具有多大价值的指标。应当注意的是，不仅是"品牌认知"，认知这些品牌所具有的价值本身，也有助于提高品牌资产。品牌资产也可以换算成金额进行估值，包括"成本法"（测定打造品牌所花的费用）、"现金流量法"（预测并引导品牌将来产出的现金）以及"市场法"（基于市场上类似品牌的价值确定估值）3种方法。我们可以从这些方法中，选择多个方法对品牌价值进行评估。

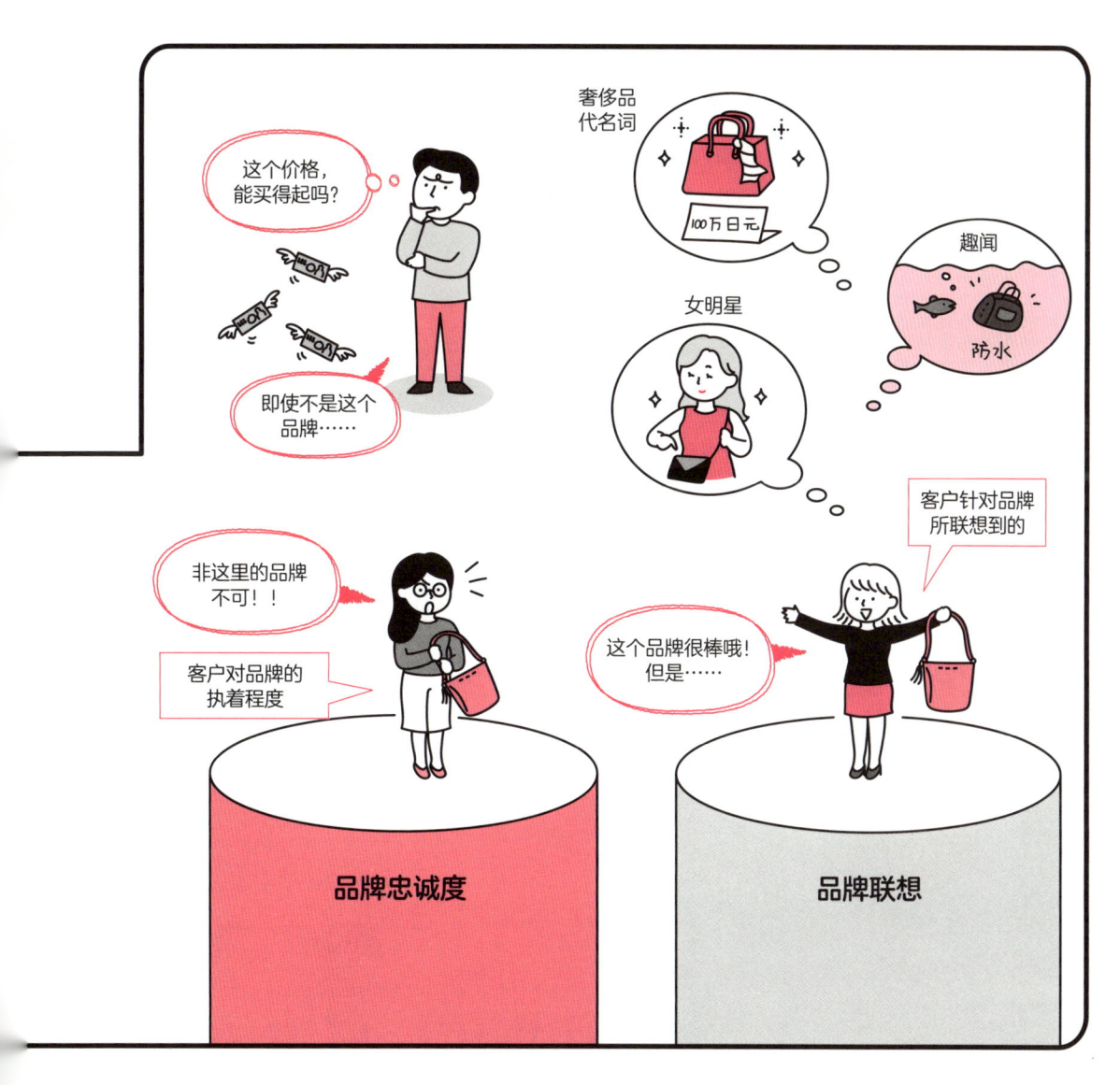

关键词 ➡️ ☑ 帕累托分析

08 找出发挥重要作用的上位要素

即使是同一类客户，也可以根据购买额进行分类。
重要的是确定支持销售和利润的客户分层，并提供该分层所需的产品。

帕累托分析用于找出销售或利润的支柱（哪一个产品或客户为销售额做出了贡献）或者陷入困境的原因。帕累托分析先从数量较大的项目或要素开始依次排序，再显示累计值来进行分析。这种方式帮助人们在看到全局的同时，也可以看到整体当中重要性较高的要素。例如，100家客户中，排在前面的10家占全部销售额的85%。此外，无论销售多少，都会产生客户管理费用。这样看来，减少客户数量反而更有效。

关注前20%的客户

从中选1个。
只买这个吧。
好的！
第2层上的产品全部都买。
那个我也想要！
让我们根据大量购买的2名客户来进行分类。

凭借帕累托分析，可以很容易制订实际如何行动的行动计划。在实际进行过分析之后，通常都可以得出前20%客户占销售额80%的二八法则，以及前30%客户贡献利润70%的三七法则。但是，需要注意的是，筛选出的结果并不一定就是正确答案。从销售额以外的观点来看，还存在其他重要的影响因素，例如即使对整体的贡献度较低，但能够支撑技术力的岗位等。此外，对于那些重要度虽低，但可以长期产生收益的长尾要素，也可以通过帕累托分析来弄清楚。

放眼长期，建立投资组合

关键词 ➡️ ☑ 产品生命周期（PLC）

09 了解产品从进入市场到最终退出市场的过程

无论什么样的产品，都有一个生命周期。
如果这一周期较短，则收益也会相应较低，因此，事先研究这一周期变得尤为重要。

产品生命周期（PLC） 是一种用于分析自己公司的产品在市场中处于何种位置的工具。这一工具将产品或服务从投入市场、被市场所接受，再到需求消减的整个循环过程分成"导入期""成长期""成熟期"和"衰退期"4个阶段，然后据此调整各阶段中经营资源的投入量以及营销方式等。另外，产品生命周期对于提高业务效率以及确定下一个产品的开发时机都很有帮助。

产品生命周期的流程

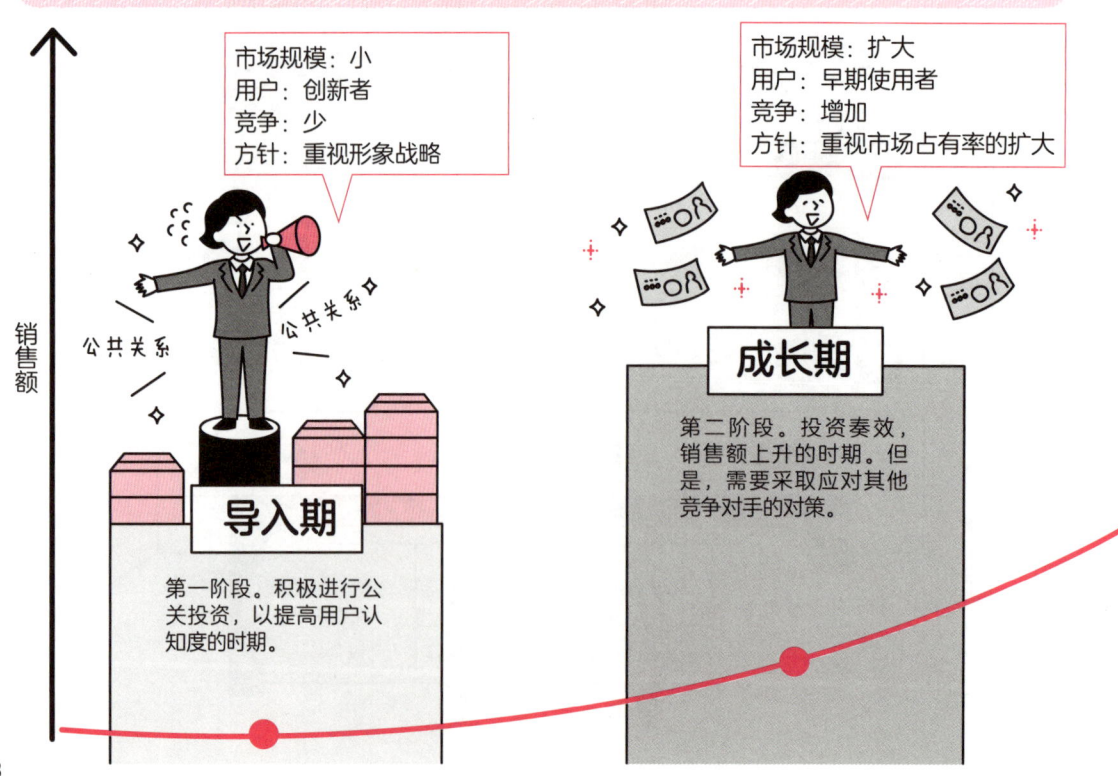

纵轴：销售额

导入期
- 市场规模：小
- 用户：创新者
- 竞争：少
- 方针：重视形象战略

公共关系 / 公共关系

第一阶段。积极进行公关投资，以提高用户认知度的时期。

成长期
- 市场规模：扩大
- 用户：早期使用者
- 竞争：增加
- 方针：重视市场占有率的扩大

第二阶段。投资奏效，销售额上升的时期。但是，需要采取应对其他竞争对手的对策。

58

导入期是产品刚刚上市后的阶段,在这个阶段,产品需求和用户都很少,而在设备和宣传方面则需要大量的前期投资。成长期则是产品需求上升、市场规模扩大的时期,这一时期产品已经普及到创新者或早期使用者(第60页),目标客户正在向喜好流行和创新的用户过渡。这一时期是用户超过市场的16%壁垒、产品被大众所接受的阶段,营销手段也需要随之调整。成熟期是产品在市场中的地位趋于稳定,且销售额和利润最大化的时期。成熟期结束时,产品在市场中的价格将下降,销售额和利润也会随之下降。此时,则需要看清进入衰退期的时机,停止进一步的投资并切换为生存战略。

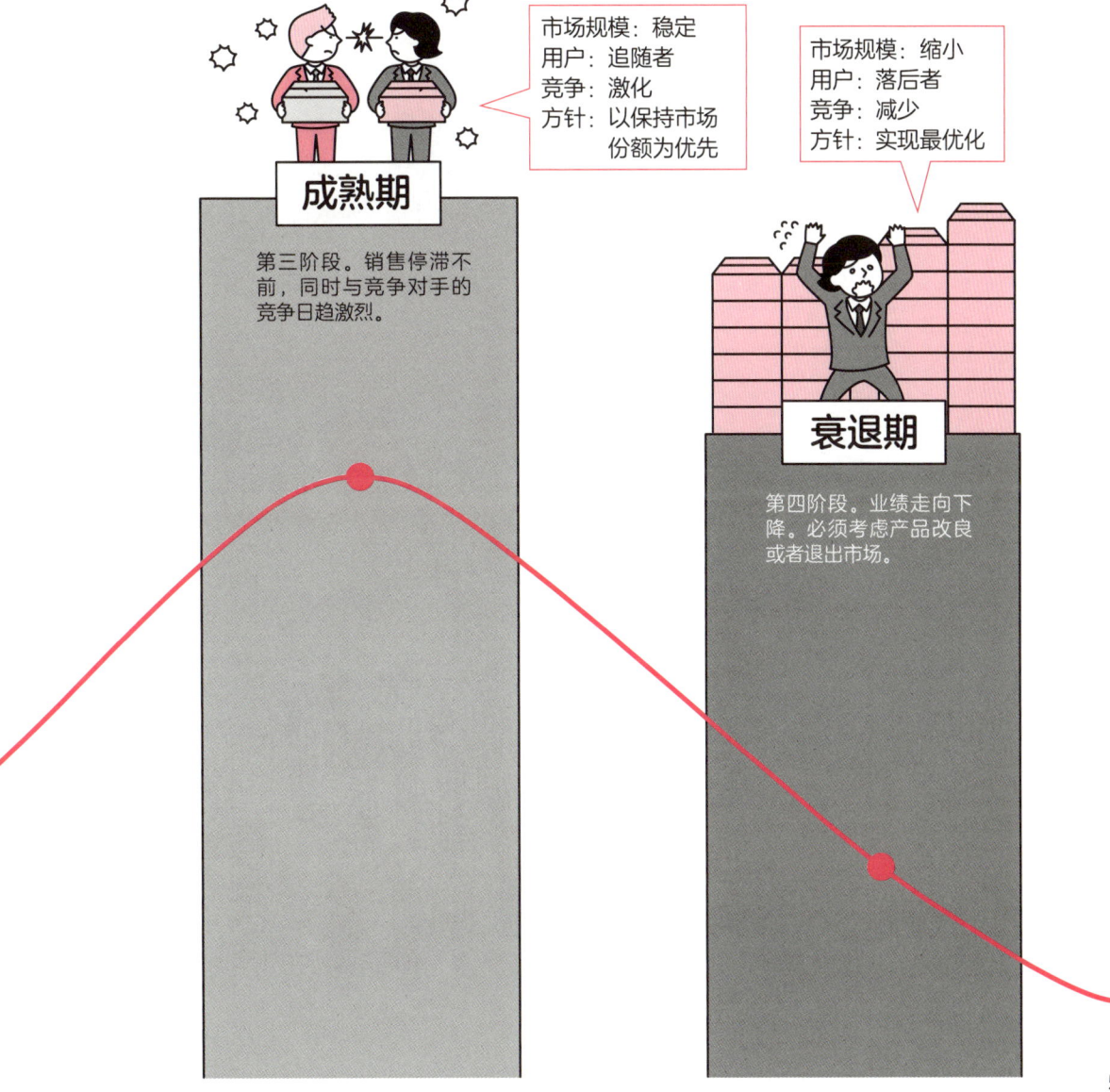

市场规模:稳定
用户:追随者
竞争:激化
方针:以保持市场份额为优先

成熟期

第三阶段。销售停滞不前,同时与竞争对手的竞争日趋激烈。

市场规模:缩小
用户:落后者
竞争:减少
方针:实现最优化

衰退期

第四阶段。业绩走向下降。必须考虑产品改良或者退出市场。

关键词 ➡ ☑ 创新者理论、鸿沟

10 分析产品被用户接受的过程

一项新的技术或者创意要想让用户接受，需要被很多人所认知。了解这一过程，可以有效地制定战略。

创新者理论阐明了从产品生命周期（第58页）中的导入期到成熟期，产品逐渐被用户所接受的过程。这一过程在使用新技术的产品或网络服务中尤为明显。这一模型将用户分成5个层次，包括最先追逐新事物的创新者（Innovator，以新事物为自豪）、早期使用者（Early Adapter，追随流行）、早期大众（Early Majority）、晚期大众（Late Majority）以及最后的落后者（Laggards）。根据各个不同的用户层级，分别可采取合理的营销活动。

用户层级的变化

②早期使用者
好奇心强，倾向于炫耀自己拿到的新事物。

①创新者
最先追逐新事物。通过吸引创新者的注意，可以向其他用户扩散口碑。

跨越鸿沟

创新者对于最尖端科技和划时代的功能特别敏感。因此，将新功能放在门店前面开展宣传，减少前期销售量，发布限定款对他们更有效。市场占有率达到2.5%是产品普及到创新者的标准。创新者之后，对新流行的事物做出反应的是早期使用者。创新度如何、产品是否普及，将由是否被这一层级的用户接受来决定。早期使用者占市场的13.5%。如果用户超过了创新者和早期使用者的总和（即16%），则视为产品已普及到早期大众，广泛被用户接受了。这一16%的壁垒或者早期使用者和早期大众之间的差距，称作"鸿沟"。

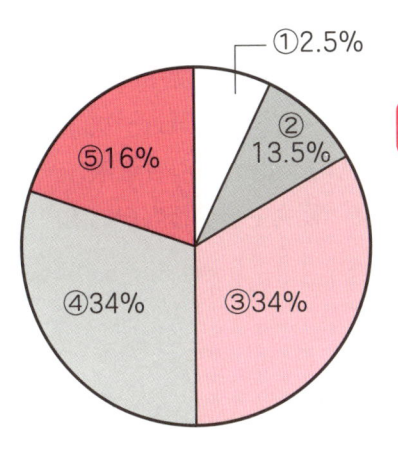

① 2.5%
② 13.5%
⑤ 16%
④ 34%
③ 34%

用户层级的比例

超过①和②的总和，即跨越了被称作"鸿沟"的产品普及壁垒。

③ 早期大众
市场中的大多数。如果得到这一群体的支持，则市场份额有望扩大，同时可获得利润。

④ 晚期大众
同样是在市场中占大多数的群体。相对比较保守，不易被新事物打动。

⑤ 落后者
对新事物没什么兴趣，因此通常不需要采取积极的市场营销。

第2章 市场营销模型

关键词 ☑ RFM分析

11 对现有客户进行归类并用于营销

客户是千差万别的，既有偶尔消费者，也有重度消费者（Heavy user）。根据不同的用户类型采取不同的营销方法，可以提高营销的效率。

RFM分析是一种对现有客户进行分析的工具，是在维护客户的营销中所使用的基本模型之一。RFM取自3个要素的英文首字母缩写，即Recency（最近一次消费，最近一次消费的日期）、Frequency（消费频率，一定期限内消费的频率）和Monetary（消费金额，一定期限或单次的消费金额）。这一工具可用于确定自己公司（产品）视为主要目标客户的用户层级，以及确定在哪一个用户层级采取相应措施。

探索消费频率和近期动向

通过RFM分析得出的4类客户

超优质客户
经常到访且经常消费

多谢您一直以来的惠顾。

这个架子上的都要。

请多关照。

感兴趣但舍不得掏钱
来的频率高，但不轻易买

这个价格应该买吗？

偶尔来但消费金额高的客户
来的次数不多，但每次花费金额较大

非优质客户
来的频率少，消费额也少

不进去也行吧。

RFM的3个要素都很高的客户毫无疑问就是优质客户。对于R和F较高但M较低的客户，需要做的是怎样提高他们的M，或者如何保持。对于M较高而R和F较低的客户需要做的是怎样让他们更多光顾。RFM模型可以通过这些不同的形式来灵活运用。各要素的比重因经营的产品而异。如果经营的是日用品，F更为重要；而贵金属和高价家电，则应当将权重放在M上。通常情况下，要将3个要素综合在一起进行思考。但是，如果单价是固定的，且可提供的上限也是确定的，这种情况下也可以忽略M。不能搞错的一点是，这一模型并不是将客户分成不同的等级，然后对上位的客户予以优待，而是旨在让更多客户成为优质客户。

根据不同的客户类型改变营销方法

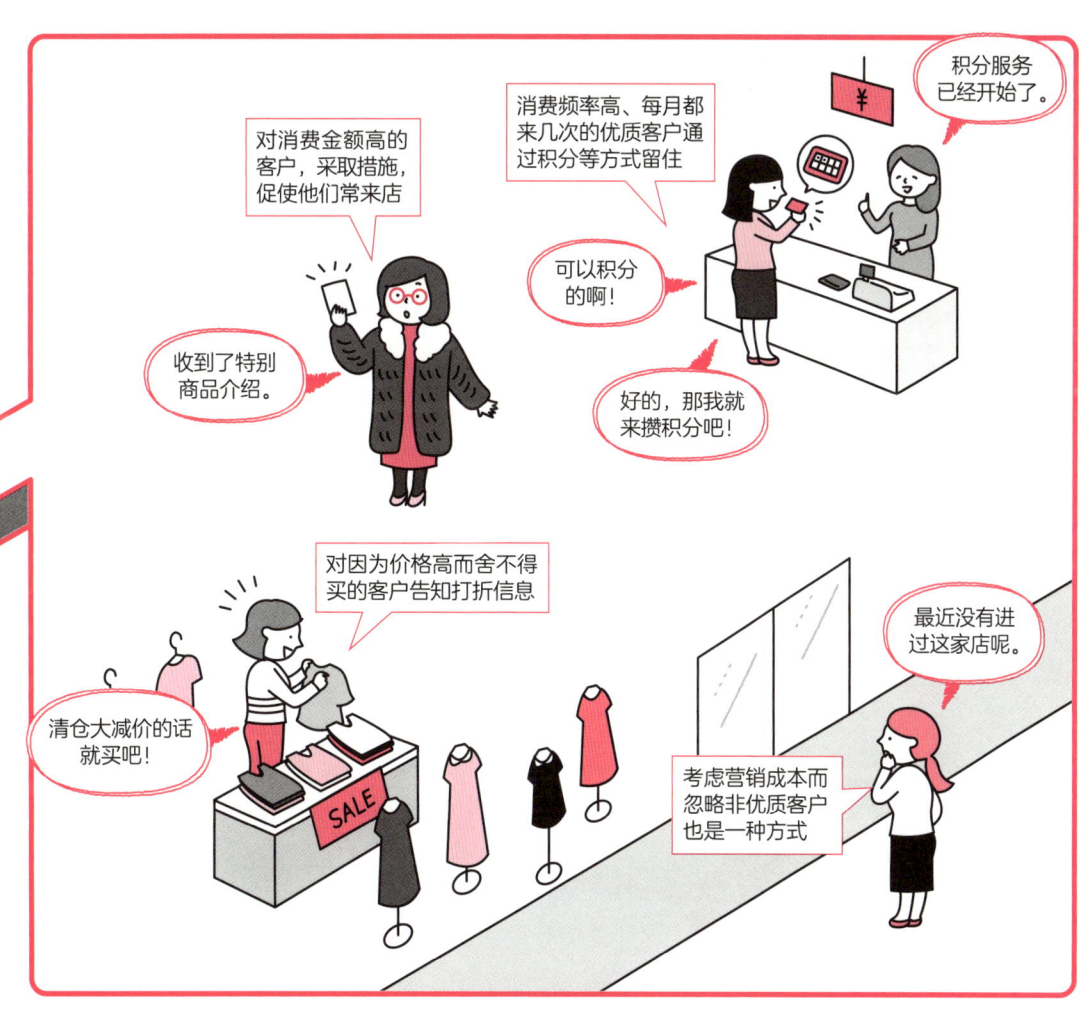

对消费金额高的客户，采取措施，促使他们常来店

收到了特别商品介绍。

消费频率高、每月都来几次的优质客户通过积分等方式留住

可以积分的啊！

积分服务已经开始了。

好的，那我就来攒积分吧！

对因为价格高而舍不得买的客户告知打折信息

清仓大减价的话就买吧！

最近没有进过这家店呢。

考虑营销成本而忽略非优质客户也是一种方式

关键词 → ☑ STP

12 用于研究卖什么给谁的分析模型

在研究新产品策划时，通过分析导出卖"什么"给"谁"结论的工具。

市场营销的重要因素之一是确定目标客户。目标客户的确定通过被称作 **STP** 的3个步骤来进行，即市场细分（Segmentation）、目标市场选择（Targeting）和市场定位（Positioning）。所谓市场细分，是指按照各种不同的因素对客户进行划分。性别、年龄层是市场细分的典型因素。如果进一步详细划分，还可以使用居住地区、收入、兴趣以及消费倾向等因素。目标市场选择是指在市场细分后决定接近哪一类客户。

STP的步骤

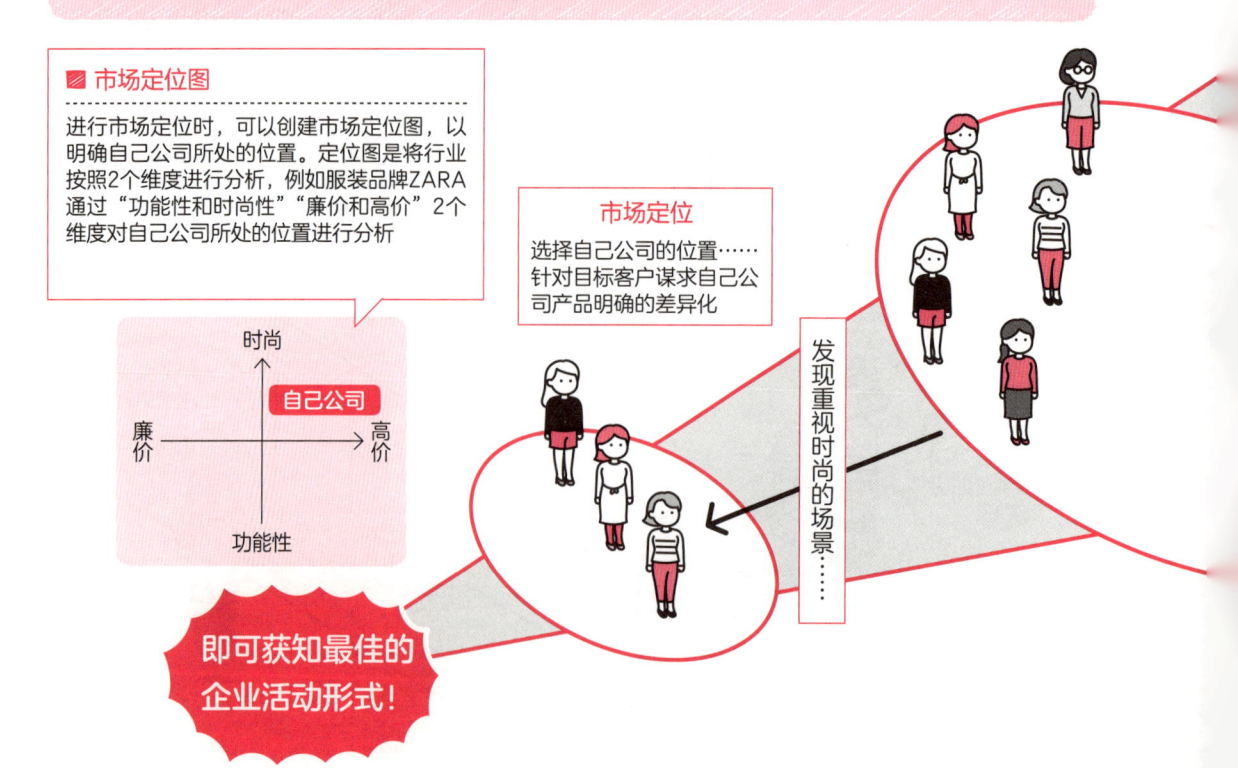

市场定位图

进行市场定位时，可以创建市场定位图，以明确自己公司所处的位置。定位图是将行业按照2个维度进行分析，例如服装品牌ZARA通过"功能性和时尚性""廉价和高价"2个维度对自己公司所处的位置进行分析

市场定位

选择自己公司的位置……针对目标客户谋求自己公司产品明确的差异化

发现重视时尚的场景……

即可获知最佳的企业活动形式！

64

最后的市场定位是指针对确定的目标客户，明确自己公司的产品或服务所处的位置。S（市场细分）和T（目标市场选择）是用来确定产品卖给"谁"的步骤；而P（市场定位）则是用来确定卖"什么"的步骤。但是，市场定位的步骤并不只有这些，必须将如何传达给客户也考虑进去。即使想的是"希望（应当）将这一类人作为目标客户"，如果没有有效传达，也可能发生与客户错误匹配的情况。

在市场定位中，创建包含其他竞争对手的市场定位图也非常有效。关于这一点，将在下一节中说明。

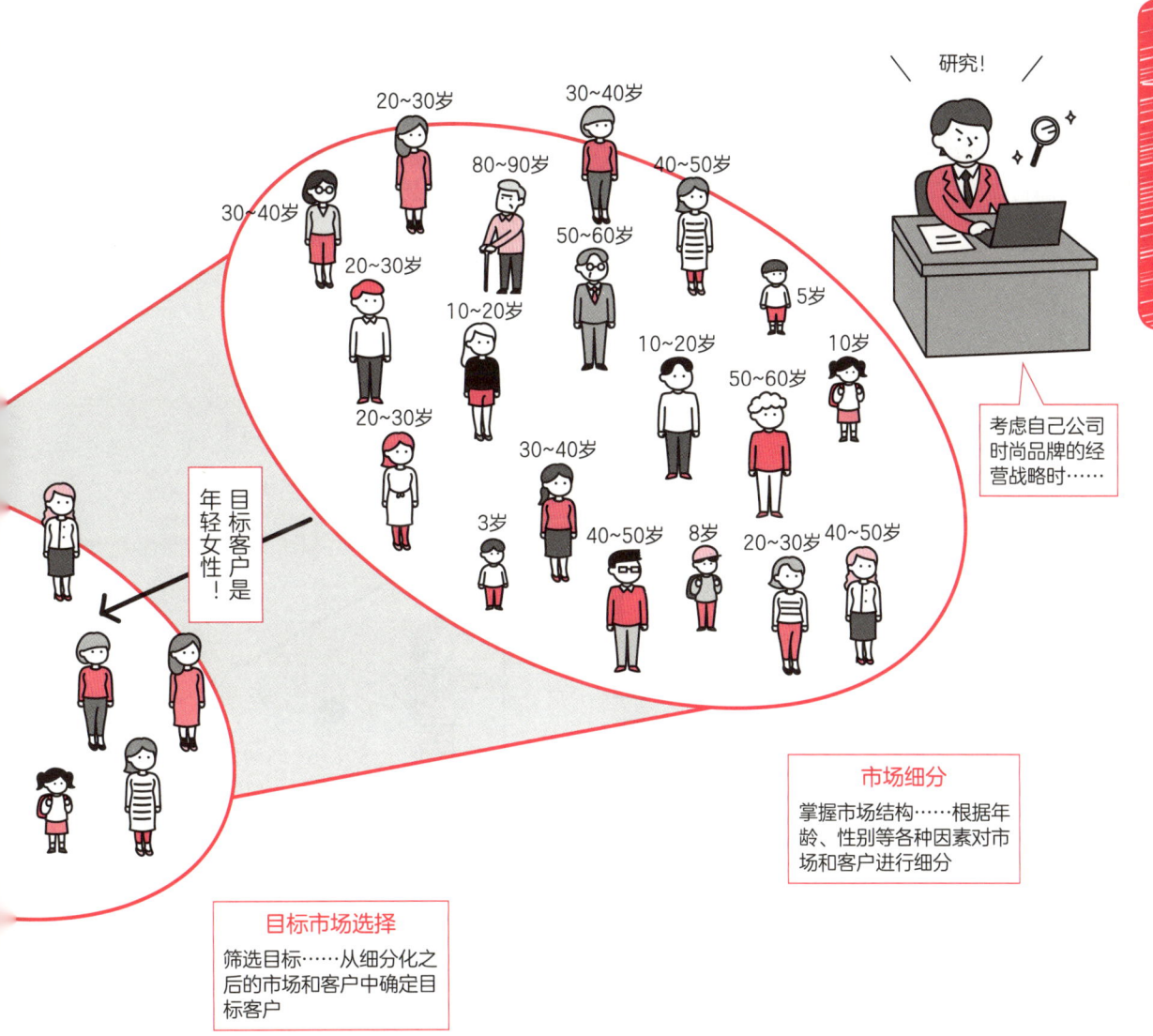

研究！

考虑自己公司时尚品牌的经营战略时……

目标客户是年轻女性！

市场细分
掌握市场结构……根据年龄、性别等各种因素对市场和客户进行细分

目标市场选择
筛选目标……从细分化之后的市场和客户中确定目标客户

第 2 章 市场营销模型

关键词 → ☑ 市场定位图

13 明确自己公司所处的位置，选择处于优势地位的地方

这一工具用于明确自己公司在参与的市场中处于什么样的位置，以及应当瞄准哪部分。

市场定位图可以用于了解自己公司的产品和服务在市场中所处的位置在哪里，然后将其传达给目标客户。首先，用2根轴对行业进行划分。坐标轴的选取因产品和行业而异。例如，假设以价格高/低、质量好/坏作为2根坐标轴，则相对于价格便宜且质量也一般的A公司以及价格高且质量也高的B公司，如果能宣传自己公司"价廉物美"，显然可以获得巨大的优势。

市场定位图的方法

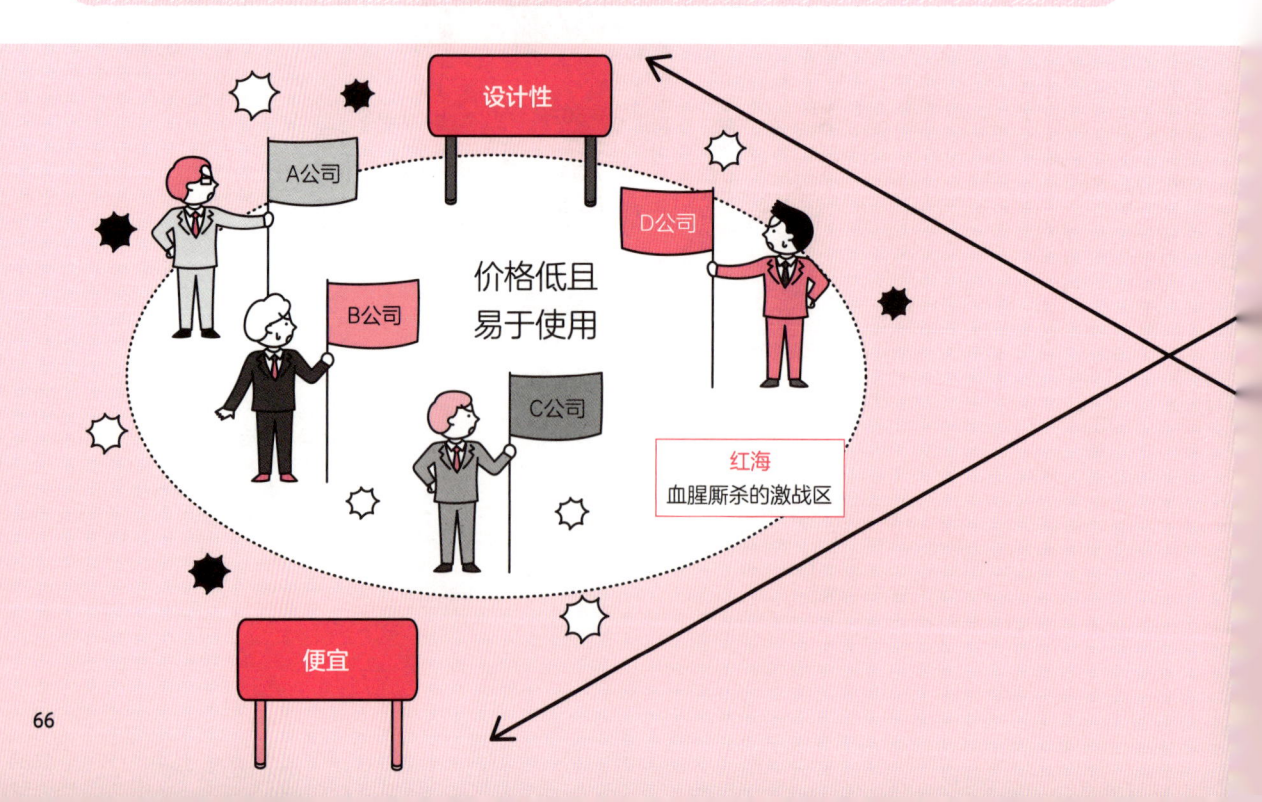

设计性

A公司　D公司　B公司　C公司

价格低且易于使用

红海
血腥厮杀的激战区

便宜

此外，也有更复杂一些的坐标轴。例如，就服装品牌而言，也可以相对于价格轴，选择"时尚性强/功能性强"的轴。就时尚性和功能性而言，并没有哪一个更好。根据此处确定的目标客户，提供的产品也将随之而改变。可以针对不同的目标客户，明确他们所处的位置，例如对于服装，喜欢价格高且时尚性强的客户、喜欢时尚性强但价格便宜的客户以及无论如何都要求功能性高和价格便宜的客户等。最近以低价为专业人士提供工作服的店也流行起来，这也可以说是在市场定位图中占有单独位置的结果。

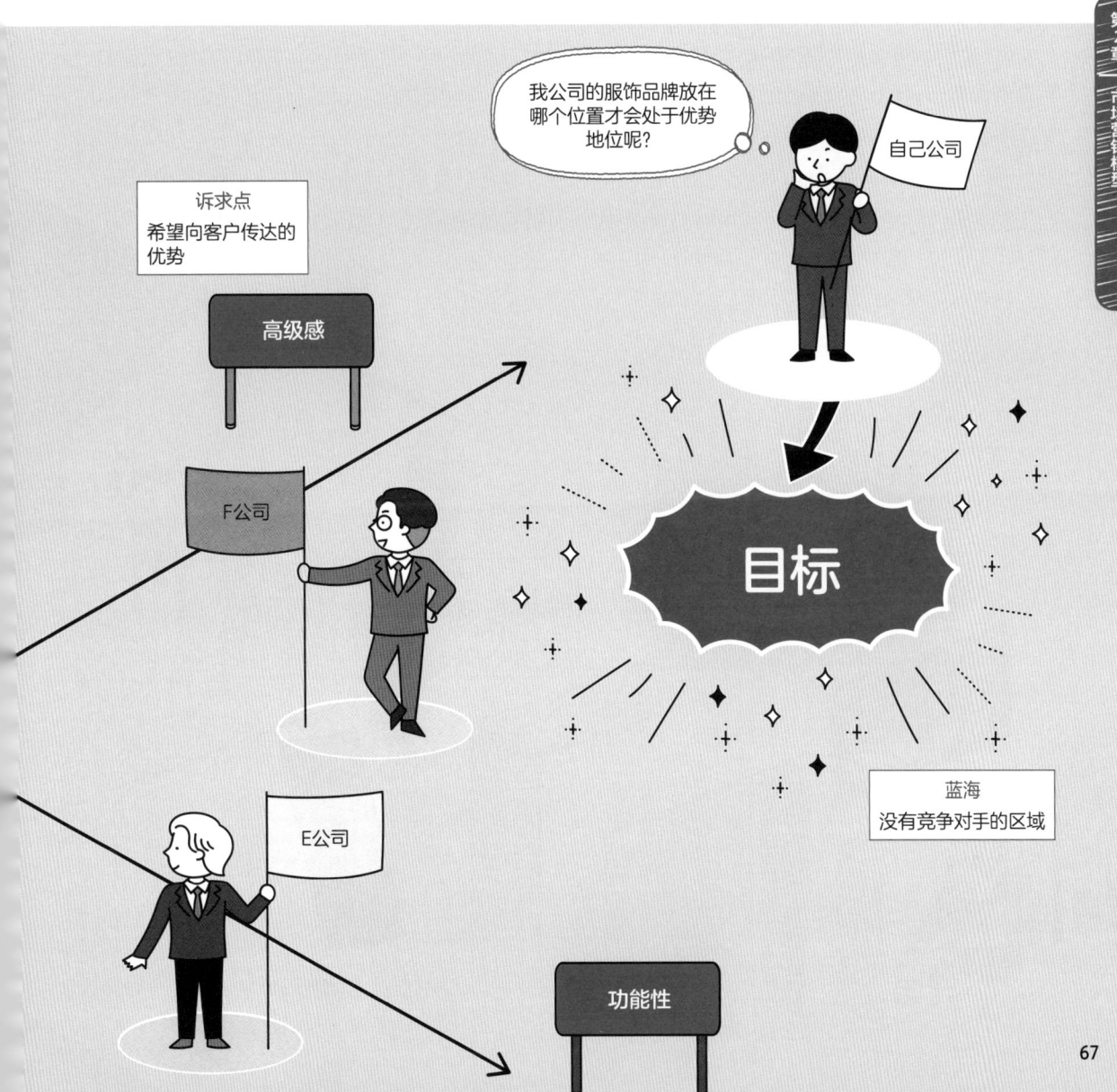

关键词 ➡ ☑ 4P分析、市场营销组合

14 本公司产品的营销中不可或缺的4大要素

这一工具用于分析在研究营销战略时不可或缺且自己公司可控的各个要素。

4P是指产品（Product）、价格（Price）、渠道（Place）和促销（Promotion）4个英文单词的首字母。对自己公司可控的各要素进行分析，即**4P分析**。该工具用于接近客户并使其产生购买，或者确认营销措施是否有遗漏等。在服务业中，也有人加上People（人员）、Process（过程）和Physical Evidence（有形展示）3个要素，合称为7P。为了在营销中对各要素进行复合关联，也将使用4P的措施称作"**市场营销组合**"（Marketing Mix）。

4P是什么？

价格
标准价格、减价、支付期限、信用交易条件等

产品
产品种类、质量、设计、特征、品牌名称、包装、尺寸、服务、质保、退货等

30%折扣!!

今日特卖日！

4P中的产品是指除了产品本身的价值外，还要考虑名称、包装、随附的售后服务等价值，以及产品线的范围、品牌等要素。价格是指定价以及与其他产品要素之间的平衡。渠道则是指产品流通的长度和宽度，以及采用怎样的销售途径。促销则考虑的是开展宣传的媒体及其内容。对4P进行分析，确认各自是否形成了整合的营销方式，以及是否与目标客户和产品的定位相匹配，是市场营销的基本内容。4P中的任意一个要素都会随时代变化，尤其是促销，近年来社交网络的使用越来越广泛，它也随之发生了剧烈的变化。

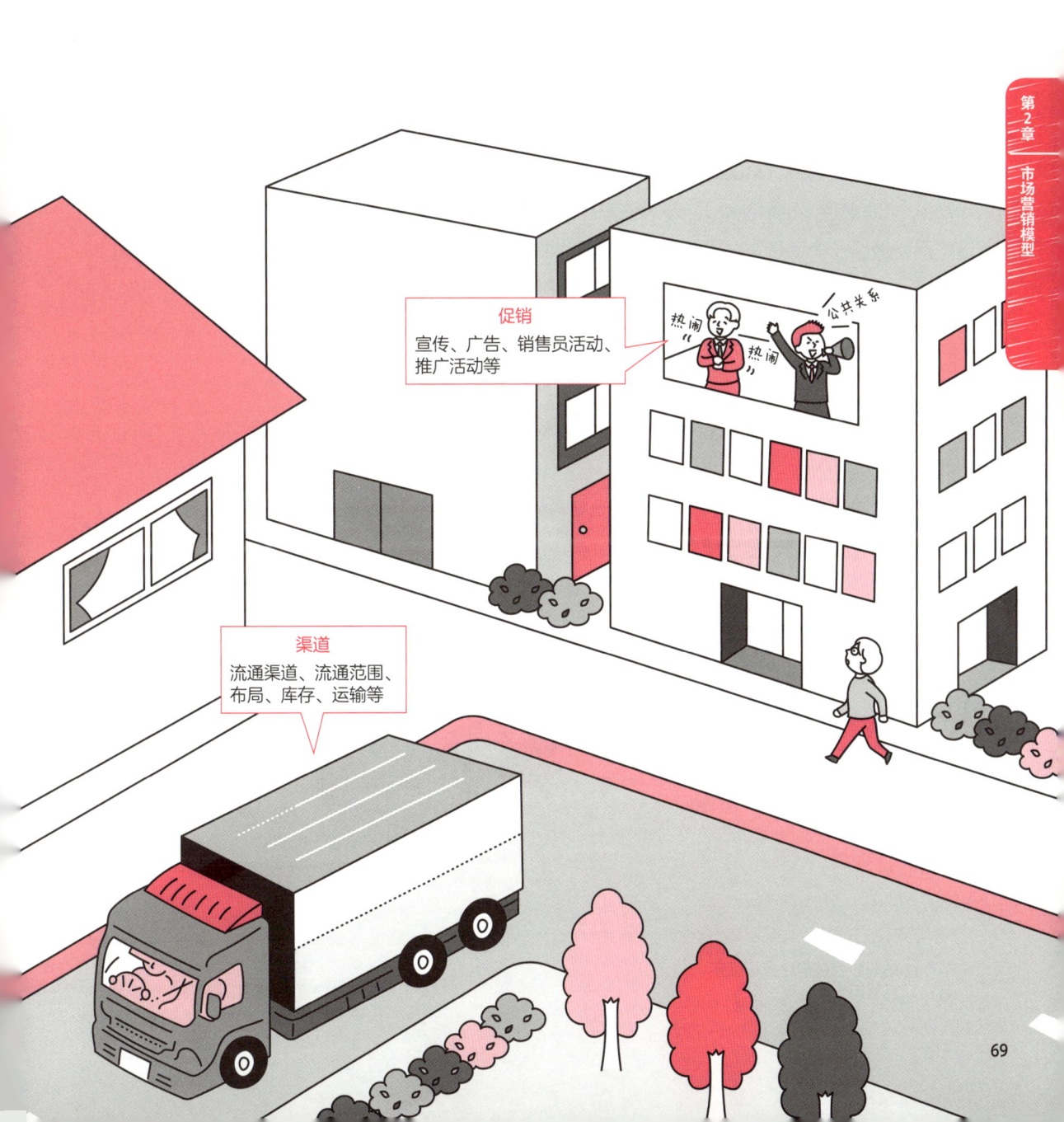

促销
宣传、广告、销售员活动、推广活动等

渠道
流通渠道、流通范围、布局、库存、运输等

公共关系
热闹
热闹

第 2 章　市场营销模型

关键词 ➡ ✓ AIDA、AIDMA

15 了解客户的购买流程，用于销售策略

通过了解客户产生购买行动的各个阶段，可以找到防止客户脱离购买行动的途径。

消费者是如何决定要购买产品和服务的呢？AIDA模型（也称"爱达"公式）就是用于说明这一过程的模型。**AIDA**是四个英文单词的首字母。A为认知（Attention），即是否知道该产品；I为兴趣（Interest），即对该产品是否有兴趣；D为欲望（Desire），即是否想拥有该产品；最后一个字母A为行动（Action），即实际购买的行动。也有人在D和A之间加入记忆（Memory），称之为**AIDMA**模型。通过顺利推动这4个或5个要素，即可让客户购买产品。

AIDMA与AISAS的法则与比较

⬆ AIDMA　⬆ AISAS（加入了互联网搜索和共享的模型）

认知
通过电视广告、杂志、网站等吸引客户注意（促使其认知）

还有这样的东西啊！

这个很不错啊。

就是最近电视上看到的东西。

兴趣
向客户宣传产品和服务，诱发兴趣

相反，在未达成购买的情况下，应分析哪一流程存在问题，并执行相应的宣传策略。采取的形式包括为了获得认知，通过广告提高知名度；为了唤起兴趣，让客户触摸实际的样品；等等。在信息过剩的现代，获得认知的策略变得尤为重要。另外，借助网络上的口碑传播的行动流程在A和I（认知和兴趣）之后，加上通过搜索引擎等进行的搜索（Search）以及通过评论或比较网站进行的比较（Comparison）、探讨（Examination），然后再促成购买。

此外，直到购买之后将感受等通过社交网络与他人共享（Share），这个5阶段流程（AISAS）在进行网络上的行动分析时非常重要。

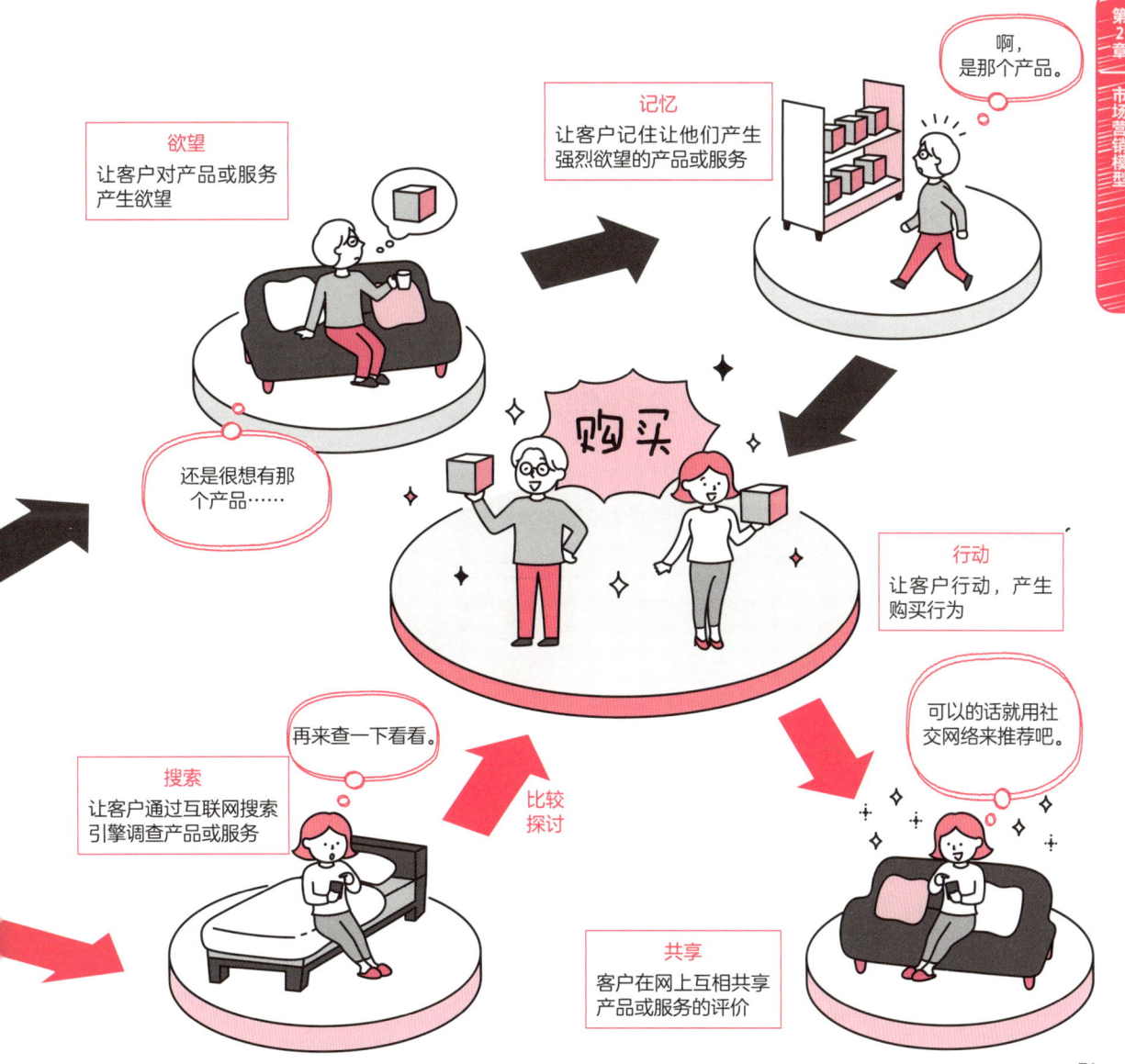

欲望
让客户对产品或服务产生欲望

还是很想有那个产品……

记忆
让客户记住让他们产生强烈欲望的产品或服务

啊，是那个产品。

购买

行动
让客户行动，产生购买行为

搜索
让客户通过互联网搜索引擎调查产品或服务

再来查一下看看。

比较探讨

共享
客户在网上互相共享产品或服务的评价

可以的话就用社交网络来推荐吧。

第2章 市场营销模型

关键词 ➡️ ☑ 核心竞争力分析

16 了解公司经营资源的优势，并在从生产到销售的过程中广泛利用

用于探索与其他竞争对手比较时的优势如何有效利用的模型，如自己公司的技术或系统等。

竞争力指的是公司所拥有的优势。其核心的部分和压倒性的优势称之为核心竞争力，例如，丰田公司的"看板"所代表的生产系统。开展自己公司的**核心竞争力分析**，在制定新的业务策略时将非常有帮助。核心竞争力可以对自己公司的优势从可转移性（Transferability）、耐久性（Durability）、可替代性（Substitutability）、可模仿性（Imitability）、稀缺性（Scarcity）5个方面进行分析。

用于满足核心竞争力的5大要素

核心竞争力的概念是由伦敦商学院的客座教授哈默尔（Cary·Hamel）和密歇根大学商学院的普拉哈拉德（C.K.Prahalad）教授两人共同提出的概念，主要可以从以下5个要素来探讨。

可转移性
例如某一个技术，不只用在特定的产品上，也可能应用于其他产品或领域

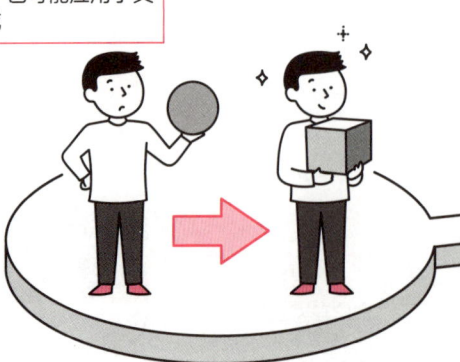

可模仿性
该技术或特性是否可以简单模仿。可模仿性越低，则竞争优势越高

可转移性是指其优势是否可用于其他方面。可转移性如果过高，则优势流出的可能性将增大；而如果可转移性过低，则应用范围将变小。耐久性并非指产品本身，而是指该技术或特性的优势能否长期在市场中保持优势地位。可替代性是指其优势能否通过其他技术或特性来替换；可模仿性则是指优势因素是否可以简单地进行模仿。两者中的任意一个都涉及是否会被其他竞争对手夺去市场份额。可替代性和可模仿性较低的优势必然稀缺性更大，不过不仅如此，还要评价这一优势是不是很难获得。满足全部这些要素的优势即强大的核心竞争力。但是，当前的优势到了将来并不一定还是核心竞争力，因此，我们必须努力不断创造出新的优势以及下一个核心竞争力。

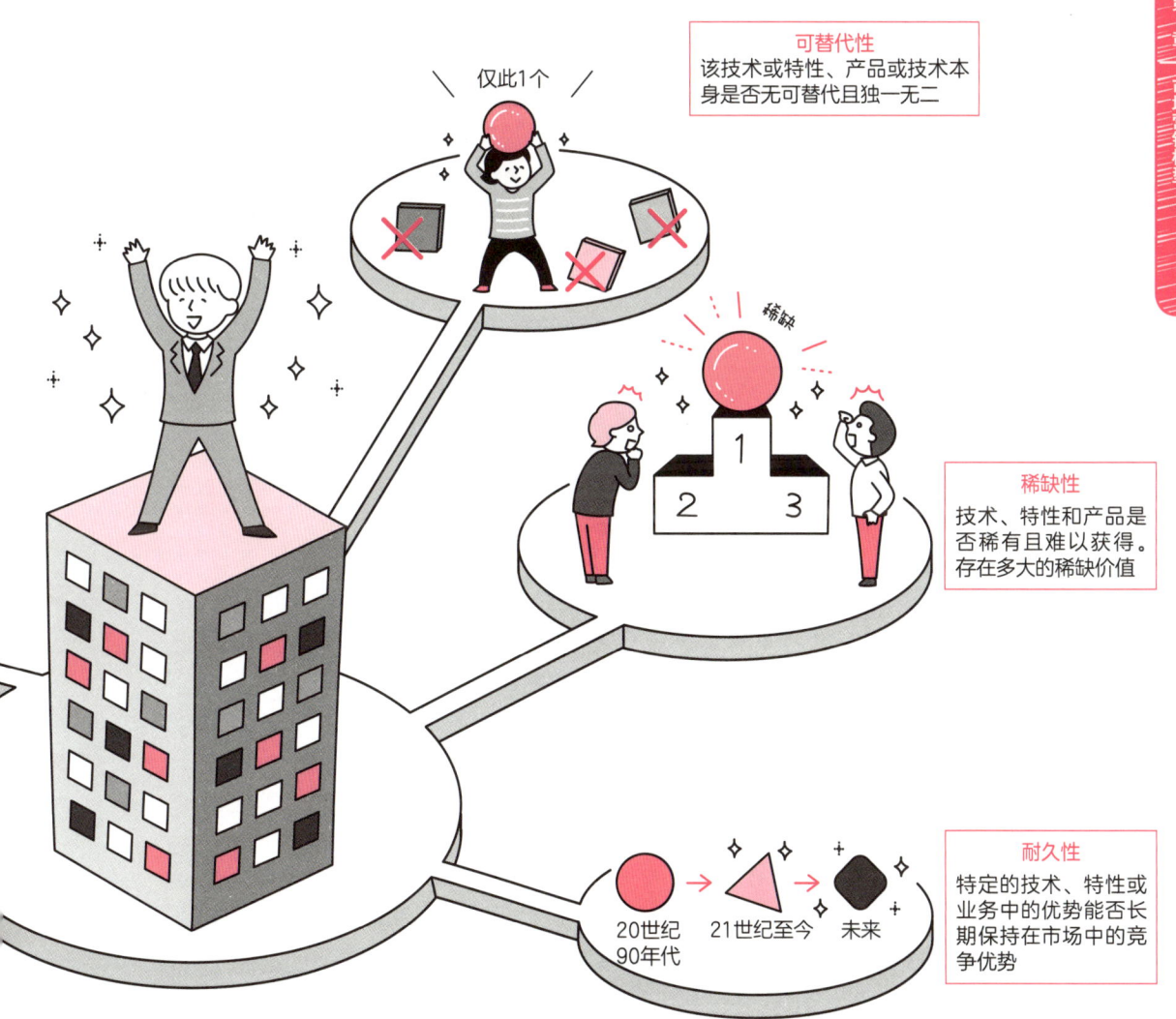

可替代性
该技术或特性、产品或技术本身是否无可替代且独一无二

仅此1个

稀缺性
技术、特性和产品是否稀有且难以获得。存在多大的稀缺价值

稀缺
1 2 3

耐久性
特定的技术、特性或业务中的优势能否长期保持市场中的竞争优势

20世纪90年代 → 21世纪至今 → 未来

第2章 市场营销模型

专栏02

理解管理模型

应知应会！
商业术语集

第2章

☑ **关键词**

宏观环境　　　　　　　　　　　　　　　　　　　　　第42页

　　宏观环境是指汇率变化和放松管制等一家公司很难干预和控制的政治环境、经济环境、社会环境和技术环境4个社会现象。另外，在制定策略时，我们将针对市场趋势研究进行的政治、经济、社会、技术分析，取4个英文单词的首字母缩写，称作PEST分析。

☑ **关键词**

人口动态　　　　　　　　　　　　　　　　　　　　　第45页

　　人口动态是指除了出生率、死亡率、死产率、结婚率、离婚率以外，调查特定地区居民的流入及流出，以及显示人口变动的数据，也用来表示性别比例和不同年代的人口数量。

☑ 关键词

红海 第45页

　　红海是指大量企业在一个已经成熟且不太可能继续扩大的市场中参与竞争的状态。在红海中，各企业为了生存以及获得市场份额，其竞争具有不断激化的性质。

☑ 关键词

外部环境和内部环境 第51页

　　外部环境是指作为分析对象的企业所处的外在因素，即市场动态或地域文化等因素。内部环境是指作为分析对象的企业所拥有的经营资源或战略，包括人员、物资以及由产品（Product）、价格（Price）、促销（Promotion）、渠道（Place）4要素构成的4P。外部环境和内部环境都是在考虑业务策略时的要素之一。

☑ 关键词

净推荐值 第53页

　　净推荐值（Net Promoter Score，NPS）是一种计量客户对企业的信任度和偏爱度等客户忠诚度的指标数据。通常以"您有多大可能将会向朋友推荐本公司（或产品）？"这类问题来提问，根据回答的得分（满分10分）来测定。

☑ 关键词

市场营销组合　　　　　　　　　　　　　　第68页

　　市场营销组合（Marketing Mix）是指为实现企业制定的市场营销策略，组合4P营销因素，制订和实施产品策划、促销活动以及营销活动等计划。计划的制订要求能够发挥4P各要素的协同作用。

第3章

用于研究战略的模型

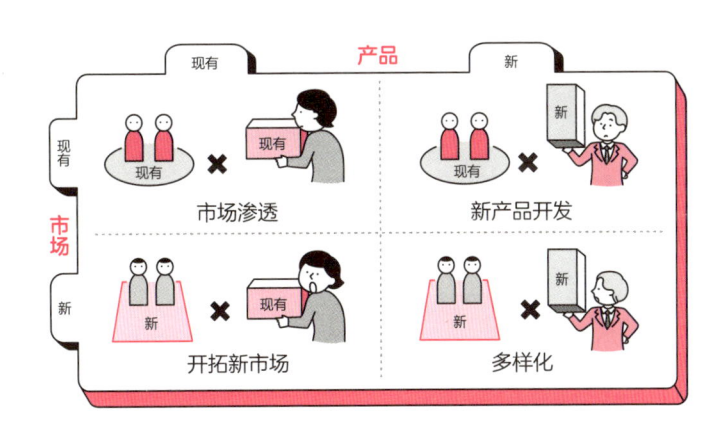

	现有	产品	新
现有	市场渗透		新产品开发
市场			
新	开拓新市场		多样化

在借助市场营销模型对自己公司以及
所处的环境进行分析之后，
让我们继续来探讨战略。
此时，如果也有适合的模型，
接下来应当采取的措施也就显而易见了。

关键词 ☑ 金字塔原理

01 用金字塔原理组成有逻辑的观点

用于累积支持观点或事实关系的论据、清晰易懂地展开逻辑推导的模型。

金字塔原理是在针对某一观点提高说服力或进行分析时使用的逻辑展开模型。首先在最上方放置观点或结论（主要信息），然后在其下方放置支持观点的多条论据（关键信息），再在下方放置支持关键信息的各条论据。如此反复，即可创建以观点为顶点的金字塔型逻辑结构。此时，应当注意在结论先行的前提下避免列举太过跳跃的论据，或者只列举主观的论据。

金字塔结构

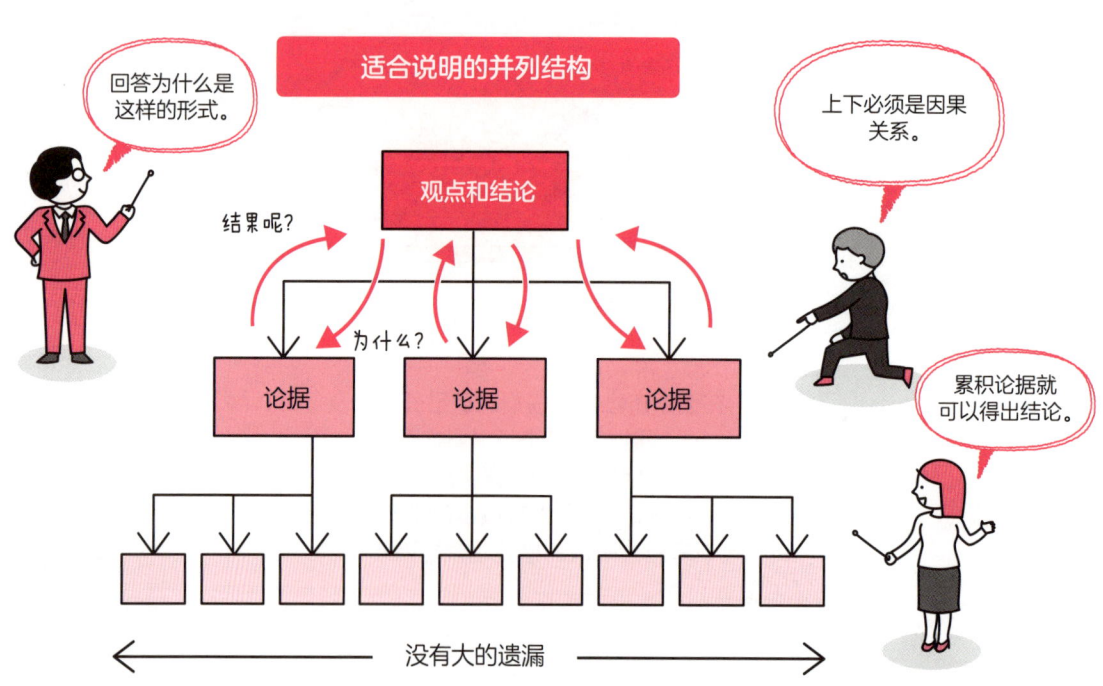

- 回答为什么是这样的形式。
- 适合说明的并列结构
- 上下必须是因果关系。
- 累积论据就可以得出结论。

观点和结论 → 论据 → 论据 → 论据

结果呢？ 为什么？

没有大的遗漏

在金字塔原理中，首先必须明确的是主题即论点。如果主题不明确，金字塔的整体构造就会不清晰，也就没有议论的价值。设定主题后，即可创建逻辑框架。尤其重要的是观点下方的第一层论据。如果这里推导正确，就可以恰当地形成金字塔构造。要点是无论在金字塔的哪一层，上层都向下层问"Why（为什么）"，下层都向上层问"So What（结果呢）"，从而构成因果关系。最大的难点在于正确推导结论。必须严谨思考的是基于列举的事实，是否能够推导出正确的结论。

推导结论的结构

结构化：将结论、论据及事实组合成一套逻辑结构

- 主题：部分进口食材的产地是伪装的。
- 问题是这家店是否事先知情！
- 换成国产吧！
- 严格采用结构化表述，所以令人信服。
- 结论：恢复信誉是当务之急。
- 食材的伪装造成餐厅的信誉下降。（客观事实）
- 判断基准
- 换成明确标记产地的国产食材，进行定期调查，这并不难。（可实现性）

第3章　用于研究战略的模型

关键词 ➡ ☑ 相关分析

02 分析2种事物相关性的模型

用于准确掌握存在因果关系的2个事物之间相关性的工具。

相关分析是用于针对2个不同的要素，分析其相关性的模型。它可以在分析事物的因果关系、测定某一措施的效果并根据过去数据分析未来时发挥作用。要进行相关分析，需要在由纵轴和横轴构成的平面图上列出各要素，再将待分析数据标注到这张图上。如果要素A增大，要素B也增大，称作"正相关"；相反，如果A增大B减小，则称之为"负相关"。相互关系中偏差小，称之为"强相关"；偏差大，则称之为"弱相关"。

表示事物因果关系的相关图

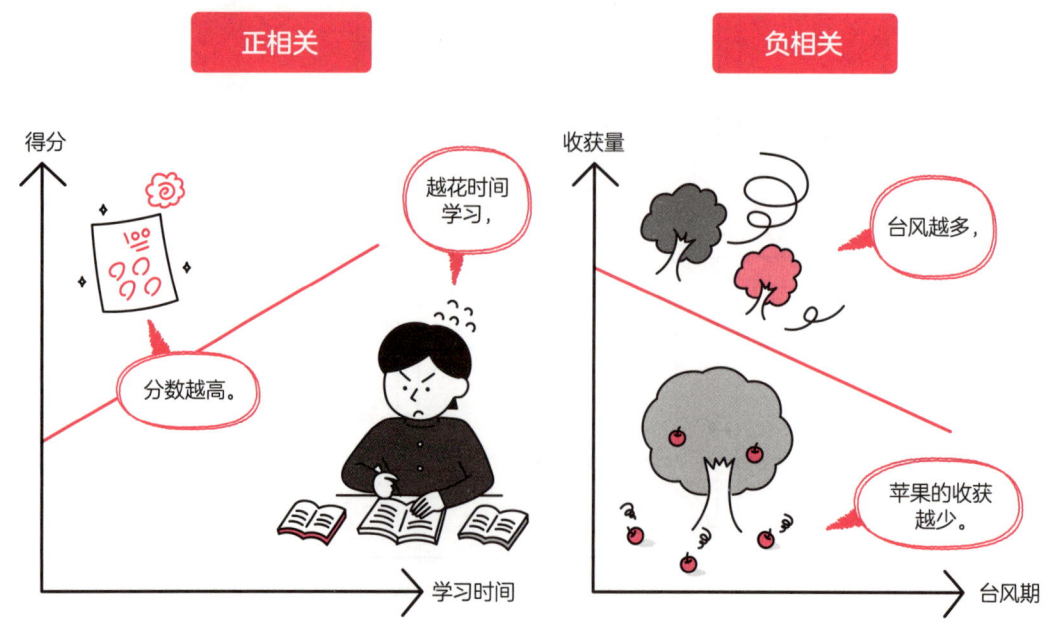

正相关

得分 ↑
- 分数越高。
- 越花时间学习，
→ 学习时间

负相关

收获量 ↑
- 台风越多，
- 苹果的收获越少。
→ 台风期

80

如取考试成绩为纵轴、实际业务中的业绩为横轴，如果考试成绩越高业绩也越高的人较多，则两者为强正相关关系。无论正负，如果是强相关，则2个要素之间存在联动性；而弱相关则联动性不大（或没有）。相关分析就是像这样，针对"2个要素是否存在因果关系""是否存在其他原因导致的相关关系"以及"脱离相关性的异常点有无任何理由"等进行分析。此外，有些看上去（或通常）觉得有关系的要素，实际上并没有相关关系。而发现这样的事实，也是相关分析的重要作用。

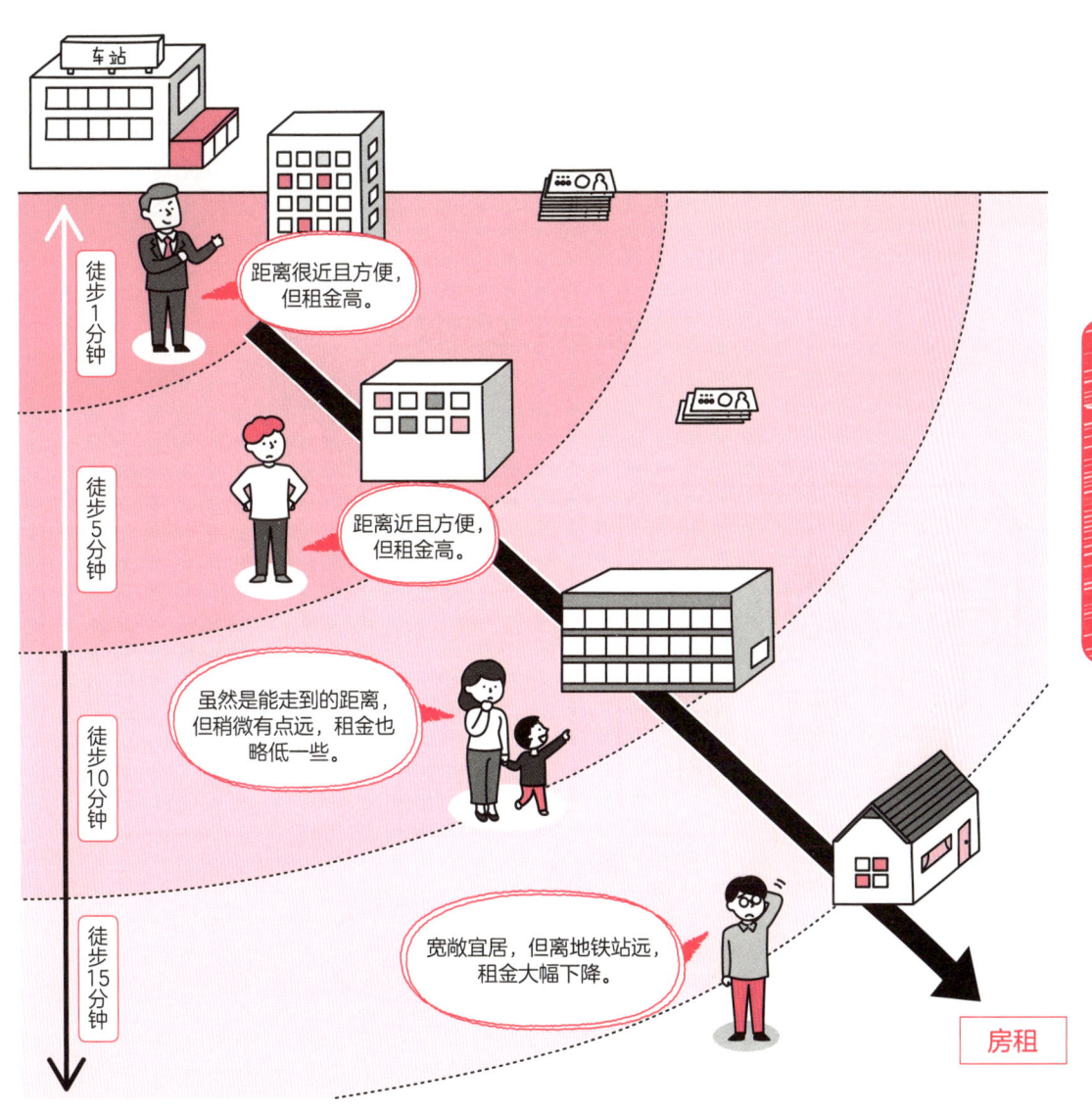

徒步1分钟 — 距离很近且方便，但租金高。

徒步5分钟 — 距离近且方便，但租金高。

徒步10分钟 — 虽然是能走到的距离，但稍微有点远，租金也略低一些。

徒步15分钟 — 宽敞宜居，但离地铁站远，租金大幅下降。

房租

第3章　用于研究战略的模型

关键词 ➡ ☑ KBF分析、关键购买因素

03 分析购买动机并用于制定策略

为发现并强化客户购买行动的原因而进行的分析。

KBF分析是指在企业中，分析自己公司的目标客户重视的因素，并且将其灵活运用于市场营销和新产品开发。KBF是Key Buying Factors的首字母缩写，译作"**关键购买因素**"。购买产品或服务的客户往往有多个购买的理由，KBF分析是对其中最重要的判断依据进行分析。要了解关键购买因素，首先要进行市场细分和目标市场选择，通常会就此对客户开展问卷调查或访谈等。

掌握现状的必备模型

学生　白领女性　主妇

目标客群

重视哪一点呢？　质量。　价格。　性价比。

问卷

面向F1层（20~34岁）女性的新化妆品怎样做呢？

试试进行市场调查吧。

在调查问卷中，列出10个左右可以作为购买决定因素的要素，让目标客户回答对各要素的重视程度。此时，注意避免遗漏重要的候补因素。重要的并非仅此而已，而是要分析自己公司的产品或服务能在多大程度上满足最受重视的要素。如果自己公司的产品比其他竞争对手的产品更能满足KBF，但是并没有竞争对手的产品畅销，则说明一定存在KBF以外的原因。另外，如果产品未能满足KBF，那么满足KBF即可用于指导下一次的产品开发。虽然KBF分析并不只针对普通消费者，也适用于B2B业务中的企业客户，但大范围地调查企业客户相比调查普通消费者会更难一些。

● 可以了解到各项目的满意度

要点1	687	要点2	532	要点3	761
价格		质量		性价比	

要点4	230		要点5	151
过敏		必需品哦！	使用感	

n=100
F1层（20~34岁）女性

要点6	183		要点7	120
保湿效果			设计	

要点8	318	要点9	198	要点10	121
量		品牌		口碑	

各项目都有10级评分，结果却差这么多啊！

我们的优势项目没什么用吗？

第3章 用于研究战略的模型

关键词 ➡ ✓ 他人与自我分析

04 了解其他公司的实力，探索自己公司的制胜之道

用于将竞争对手公司和自己公司进行比较，发现制胜之道的分析模型。

他人与自我分析是一种针对与自己公司（自我）竞争的对手公司（他人），比较其经营资源和财务指标，分析与竞争对手差距的模型。在他人与自我分析中，首要的是确定与谁进行比较。如果没有特别的理由，和非竞争对手公司进行比较则没有太大意义。通常情况下，应当与同一领域中战略上最重要的竞争对手进行比较。如果是业界的顶尖公司，则与第2位的公司比较；第2位的公司则与顶尖公司进行比较。如果公司的市场份额较低，则与排名较近的公司进行比较。

与竞争对手的产品进行比较以确定方向性

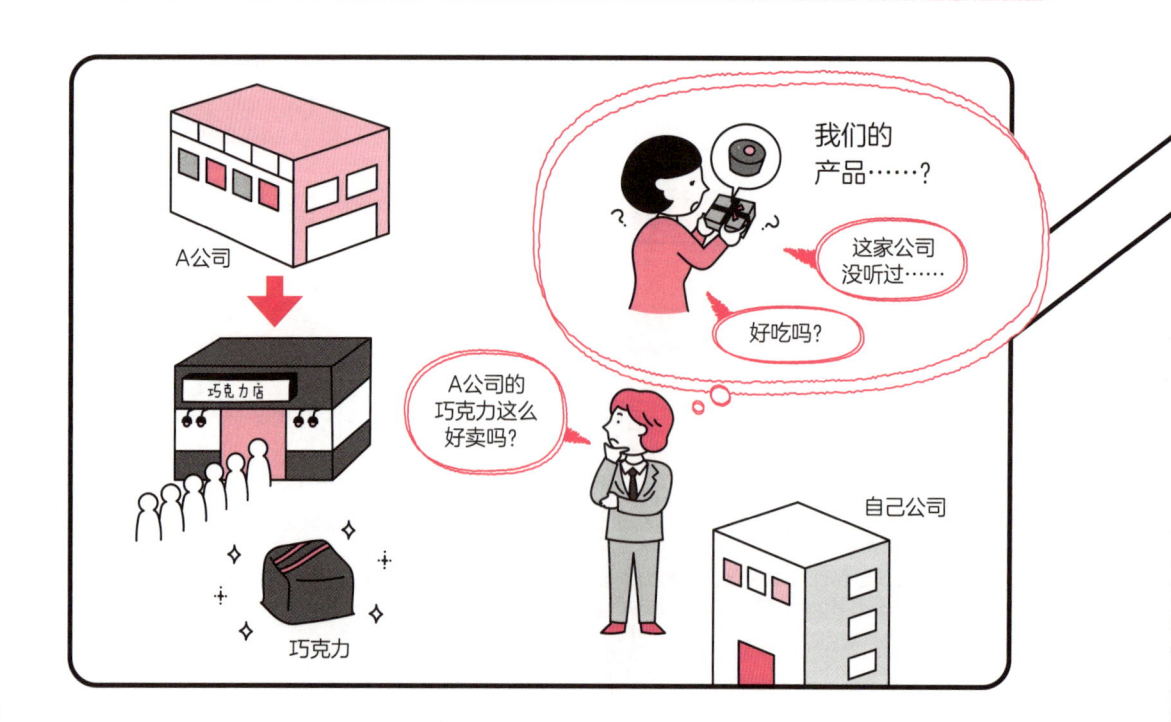

A公司

巧克力店

巧克力

A公司的巧克力这么好卖吗？

我们的产品……？

这家公司没听过……

好吃吗？

自己公司

84

其次是确定比较哪一个项目。如果考虑和分析总体战略和业务战略，可以比较供应链、经营资源以及财务指标的差异。而如果探讨产品的营销，则可以针对目标客户群以及4P（第68页）等市场营销要素进行分析。使用这一模型时，需要针对不同的目的设定合适的项目。难点在于，自己公司很难了解到竞争对手公司的内部要素，因此极有可能局限于表层的比较。另外，这一模型还可以用于公司内的部门间比较。此时，由于内部要素很容易知道，因而能够分析部门间的差异，明确长处及应当克服的问题等。

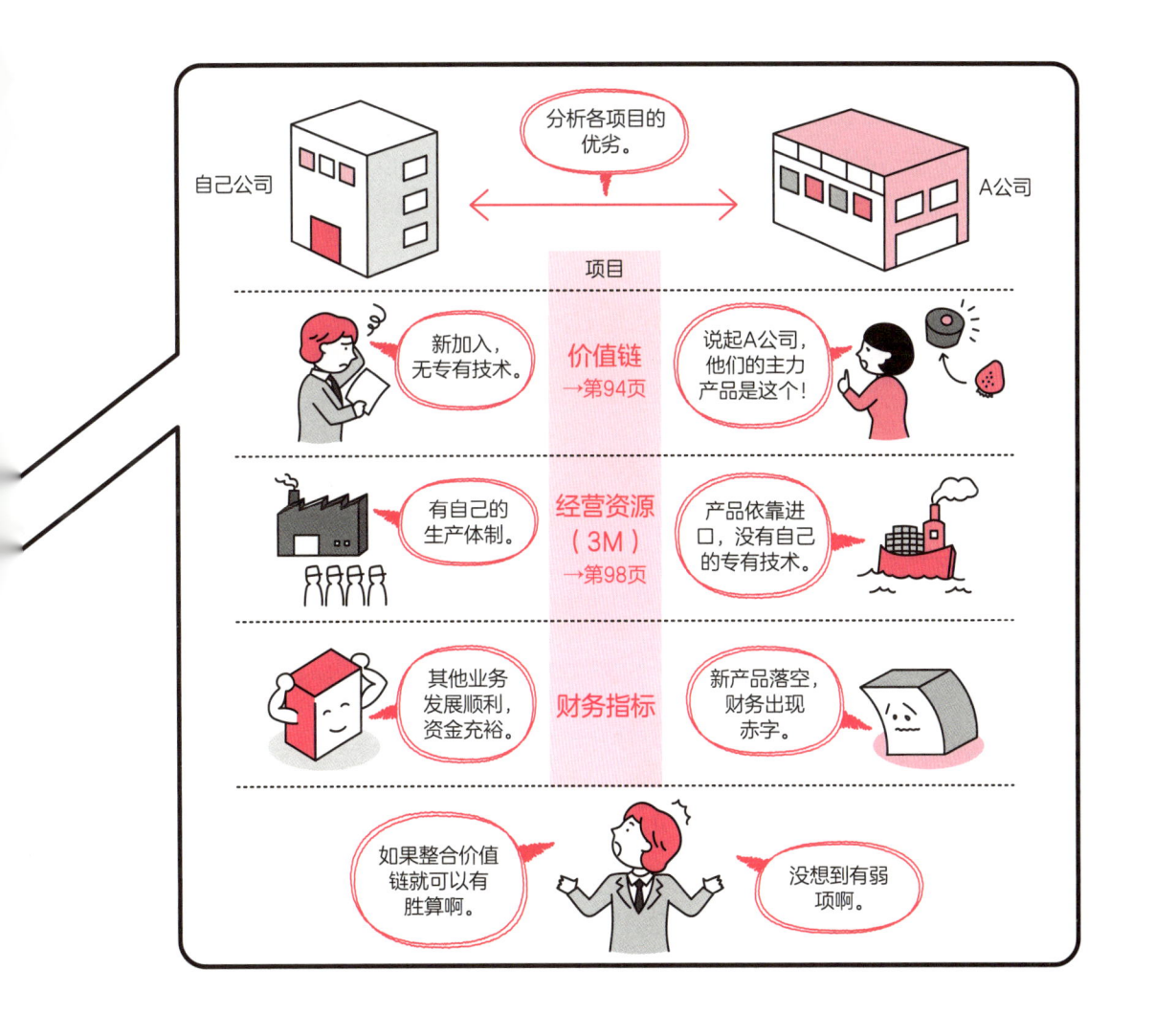

自己公司	分析各项目的优劣。	A公司
新加入，无专有技术。	**价值链** →第94页	说起A公司，他们的主力产品是这个！
有自己的生产体制。	**经营资源（3M）** →第98页	产品依靠进口，没有自己的专有技术。
其他业务发展顺利，资金充裕。	**财务指标**	新产品落空，财务出现赤字。

如果整合价值链就可以有胜算啊。　　没想到有弱项啊。

第3章　用于研究战略的模型

关键词 ➡ ☑ 3C分析法

05 从3个视角分析当前状况

通过分析3C要素，明确公司业务中存在的问题。

3C分析法（也称3C战略三角模型）是在制定公司经营战略时使用的一种模型。通过对有利害关系的3个C进行分析，可以明确自己公司所处的位置，创建更平衡的经营战略，开发新客户或新业务。此外，就现有的业务而言，3C分析法也可以用于分析应当针对哪一部分采取有效措施。3C中的3个C分别指Customer（客户与市场）、Competitor（竞争者）和Company（公司自身），表示业务中的3个关键因素。

从3C的视角提出问题点

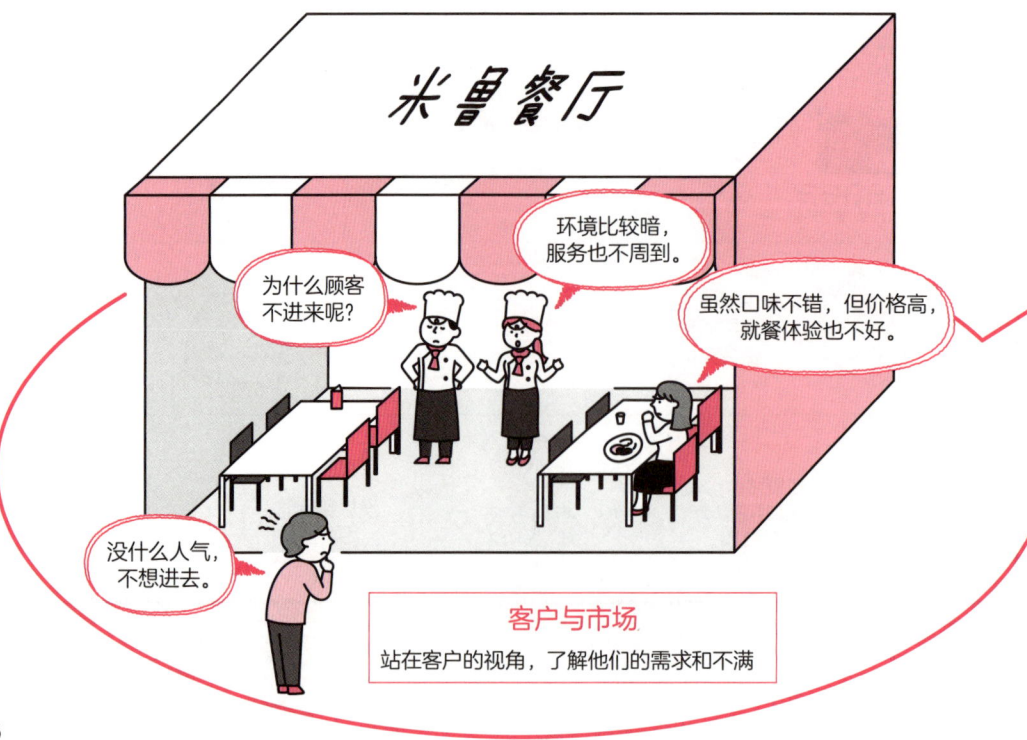

米鲁餐厅

为什么顾客不进来呢？

环境比较暗，服务也不周到。

虽然口味不错，但价格高，就餐体验也不好。

没什么人气，不想进去。

客户与市场
站在客户的视角，了解他们的需求和不满

86

从各自不同的角度，对这3个要素进行分析，是3C分析法的核心所在。客户与市场包括客户特点和需求等微观视角，以及市场规模和结构、增长率等宏观视角，是市场营销中最重要的要素。竞争者则涉及竞争对手以及竞争的状况，主要分析竞争对手公司有多少、占有率为多少、新加入的有多少等要素。这一要素的信息很难收集，且需要进行对象筛选。公司自身则是指对3M（第98页）代表的经营资源、活动情况和品牌形象的分析。除上述要素外，也有人为了分析结盟公司等要素，增加合作者（Co-Operator），变成4C分析。

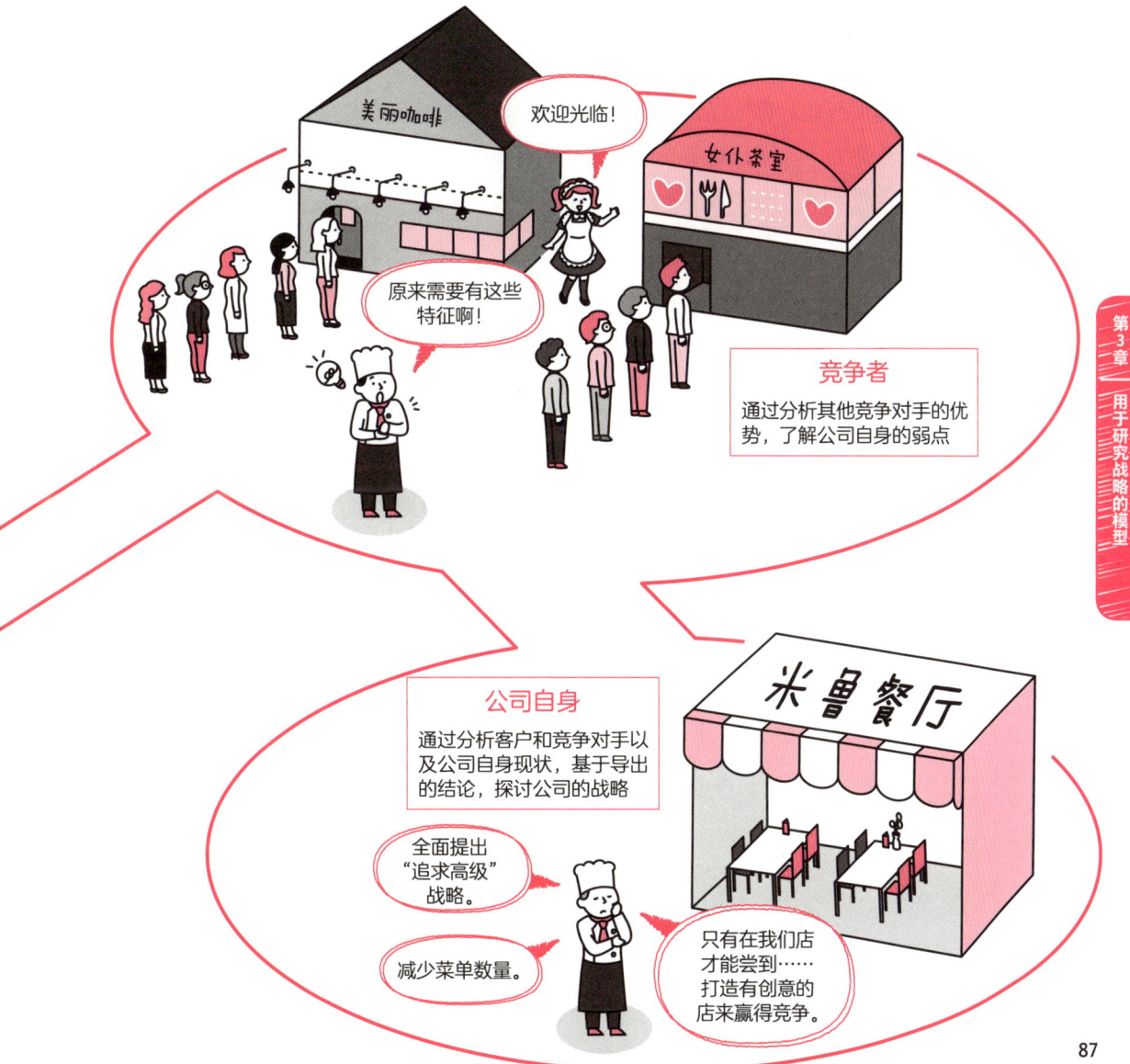

竞争者
通过分析其他竞争对手的优势，了解公司自身的弱点

公司自身
通过分析客户和竞争对手以及公司自身现状，基于导出的结论，探讨公司的战略

关键词 ➡ ✓ 五力分析模型、迈克尔·波特

06 分析所进入行业的基本模型

经常被用来对企业新进入行业的吸引力进行分析的模型。

五力分析模型是一种用于分析行业的模型。这一模型由**迈克尔·波特**（Michael Porter）教授提出，在分析企业时，用于对作为前提条件的行业吸引力进行分析，或者决定是否选择新进入其他行业。具体而言，五种力量分别为：①行业内的竞争，②买方的议价能力，③卖方的议价能力，④潜在竞争者进入的能力，⑤替代品的威胁。这些也可以说是削减行业利润的力量，而这些力量越弱，则进入该行业的吸引力越大。

通过五力分析进行判断

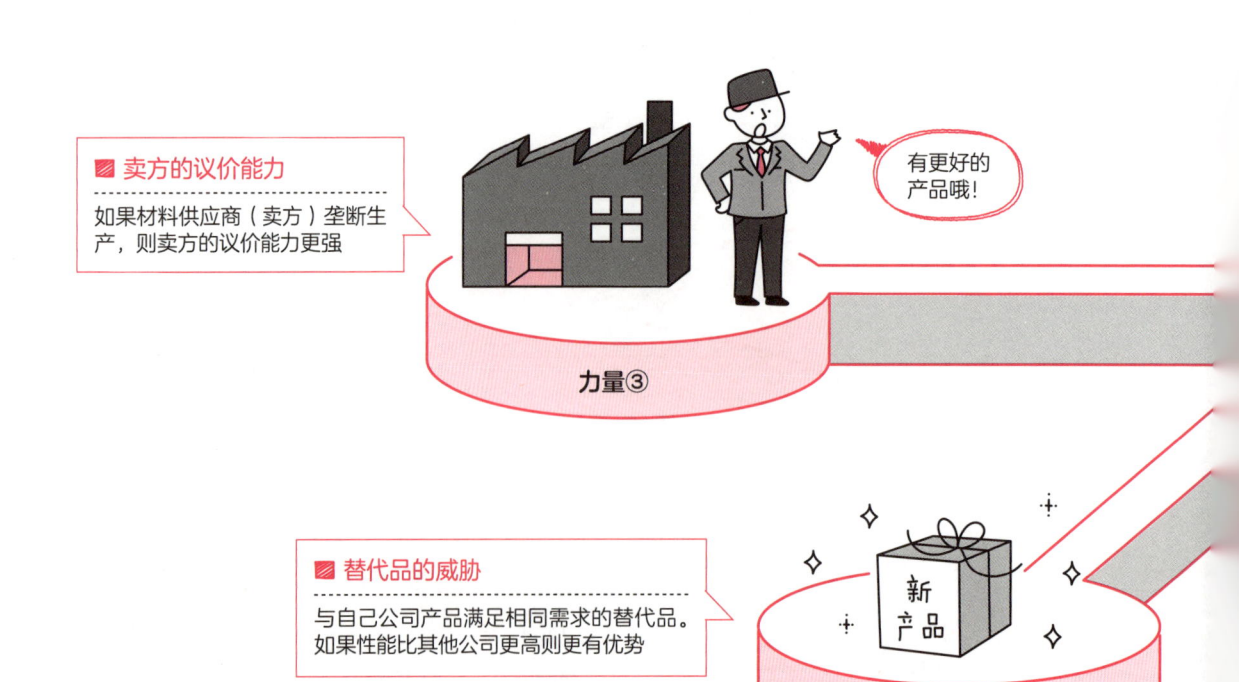

■ **卖方的议价能力**
如果材料供应商（卖方）垄断生产，则卖方的议价能力更强

力量③

有更好的产品哦！

■ **替代品的威胁**
与自己公司产品满足相同需求的替代品。如果性能比其他公司更高则更有优势

新产品

力量⑤

行业内的竞争是指如果竞争激烈，将很难确保利润。当存在的竞争超过了行业的增长率，或者无法做到产品差异化的情况下，这一力量的影响将会更大。买方的议价能力是指如果买方处于垄断地位，客户很容易更换供应商，此时这一力量将会变强。卖方的议价能力则相反，即卖方处于垄断地位，客户很难更换供应商，此时这一力量将会变强。潜在竞争者进入的能力说的是投资额或规定和限制的门槛越低，则这一力量越强。替代品的威胁是指更便宜的可替代产品越多，这一力量将更大。像这样对行业总体进行分析之后，就可以对行业内的单个情况进行分析，诸如如果新加入某一行业，公司自身能否构建在竞争中生存下来的优势地位，或者已经在这一市场的其他公司具有怎样的竞争能力等。

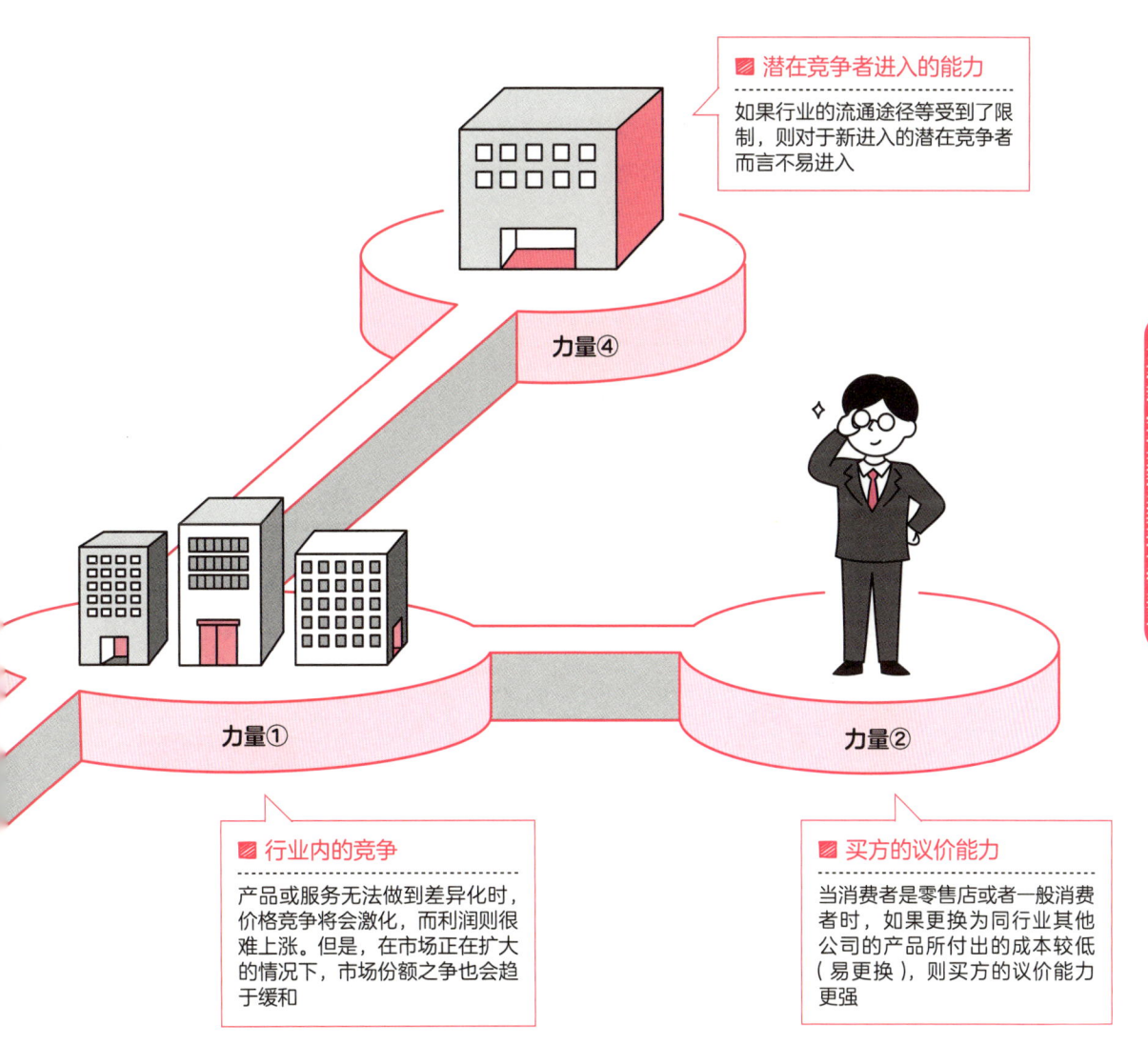

力量④

☑ 潜在竞争者进入的能力
如果行业的流通途径等受到了限制，则对于新进入的潜在竞争者而言不易进入

力量①

☑ 行业内的竞争
产品或服务无法做到差异化时，价格竞争将会激化，而利润则很难上涨。但是，在市场正在扩大的情况下，市场份额之争也会趋于缓和

力量②

☑ 买方的议价能力
当消费者是零售店或者一般消费者时，如果更换为同行业其他公司的产品所付出的成本较低（易更换），则买方的议价能力更强

第3章 用于研究战略的模型

关键词 ➡ ☑ 优势矩阵、波士顿咨询集团

07 找出自己公司可以立于优势地位的市场

用于分析自己公司可以选择哪个市场来立于优势地位的模型。

优势矩阵是由**波士顿咨询集团**提出的一个模型，它用"竞争上的战略变量（A维度）"和"获得竞争优势的可能性（B维度）"2个维度构成的矩阵，将公司业务分成4类。前一维度也可以说是竞争因素的多少，后一维度则是获得竞争优势的要素大小。这一模型用于在自己公司的业务中确定增长战略或者获得新业务战略。此外，也可以用于找出利基市场并获取利基业务的战略。

什么是优势矩阵？

分散型

敌人太多无法扩张阵地。

僵局型

因为不是重要位置，虽没有敌人但也没有意义。

竞争上的战略变量

多 / 少

获得竞争优势的可能性 低

A维度较多而B维度较小时，为"分散型业务"，此类行业中大企业很少，增大规模不一定有效。因此，这里是个体户和中小企业处于竞争乱局的领域。A维度较多且B维度也较大的行业是"专业型业务"，即选择自己公司胜人一筹的业务领域，在这一领域发挥优势就可以获得充分收益。A维度较少B维度也小的业务为"僵局型业务"，此类行业有意义的竞争变量较少，企业规模也少，也可以说对当前获得利润的企业而言相对比较稳定。A维度较少而B维度较大时，为"规模型业务"，此类业务所在的行业基本不存在企业（业务）规模以外的竞争因素，产品简单且差异性小，很容易体现出规模效应。

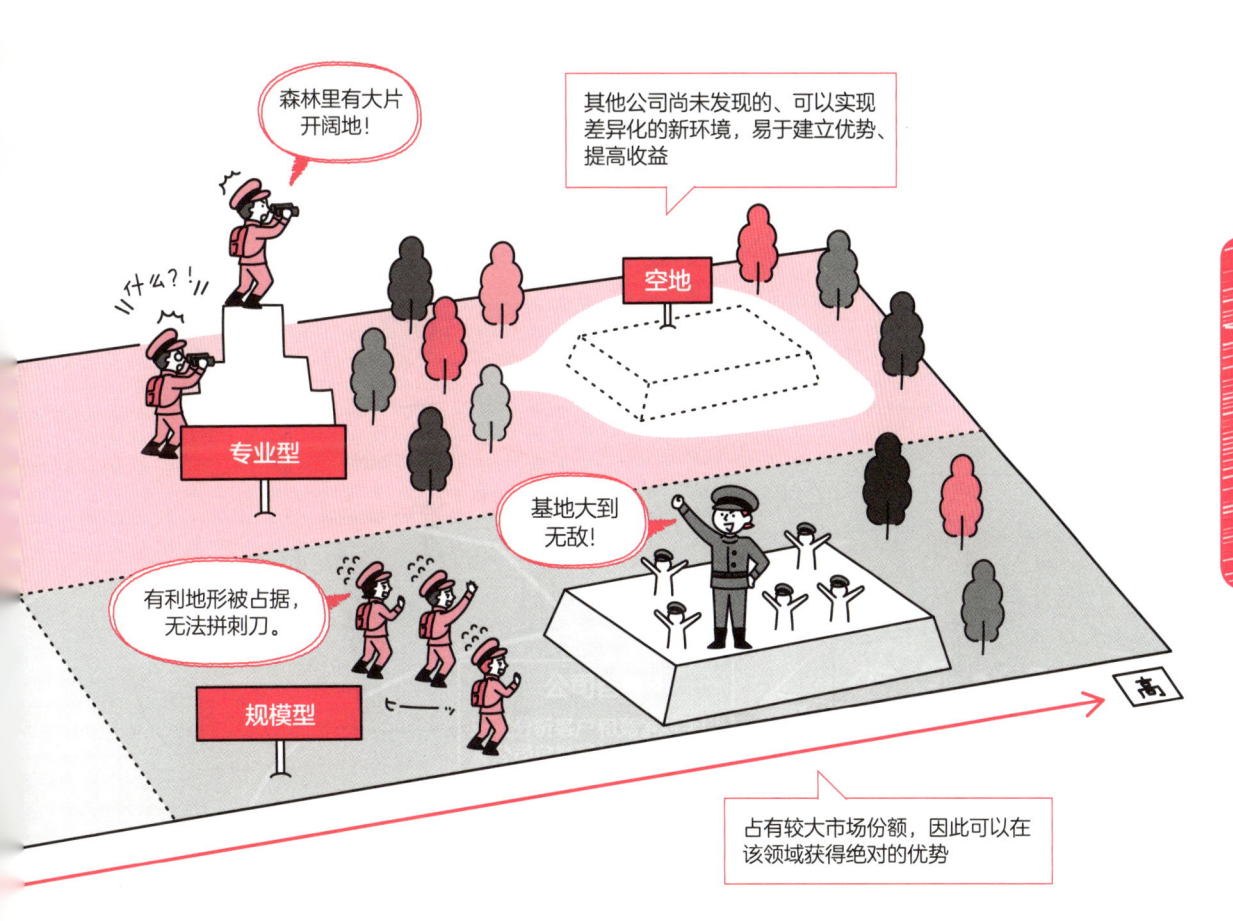

关键词 ➡ ☑ VRIO分析、杰伊·巴尼、资源基础理论

08 弄清自己公司经营资源的有效性

分析自己公司的资源与其他公司相比是否有优势的工具。

VRIO分析是一种用于准确评估自己公司所拥有的经营资源的模型。该模型由**杰伊·巴尼**（Jay B. Barney）提出，它基于**资源基础理论**（RBV），对公司所拥有的资源中有价值的部分进行评估。VRIO是灵活运用外部机会排除威胁的经济价值（Value）、其他公司没有的稀缺性（Rarity）、产品难被模仿的可模仿性（Imitability）以及利用这些资源的组织能力（Organization）这4个维度的英文首字母缩写。

通过VRIO分析测定自己公司的价值

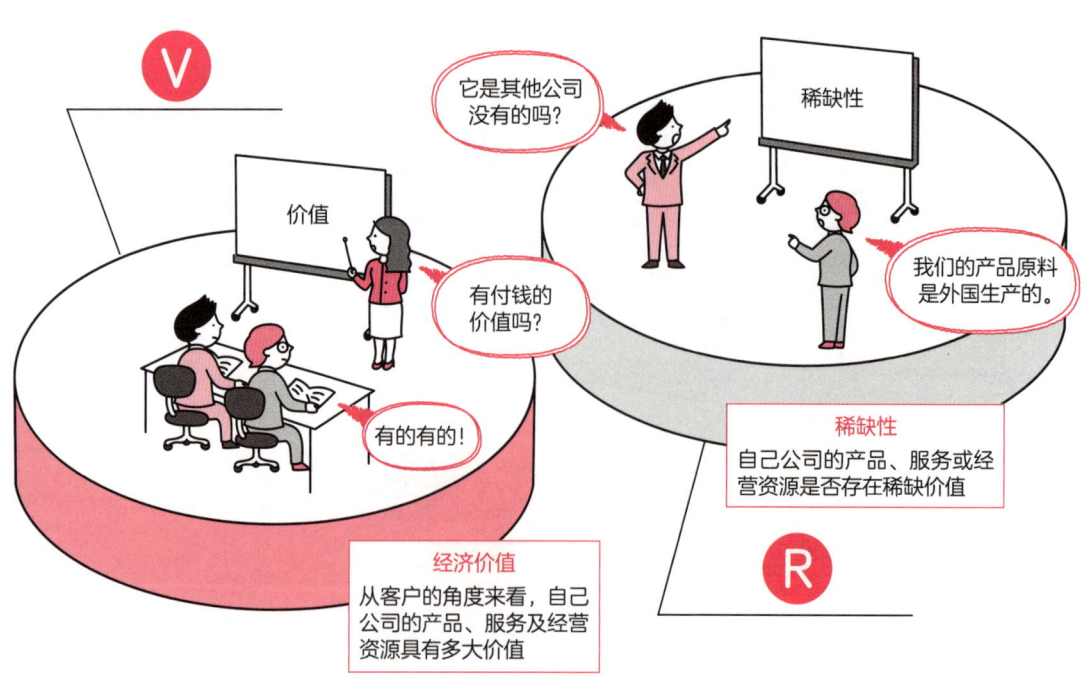

V
价值
有付钱的价值吗？
有的有的！

经济价值
从客户的角度来看，自己公司的产品、服务及经营资源具有多大价值

它是其他公司没有的吗？

稀缺性
我们的产品原料是外国生产的。

稀缺性
自己公司的产品、服务或经营资源是否存在稀缺价值

R

具体而言，经济价值是指公司的资源能否抓住SWOT分析（第50页）中的O（即机会），并且消除T（即威胁）。稀缺性则是对拥有该资源的公司有多少进行评估。可模仿性是指当没有该资源的公司想要获得该资源时，对是否会产生成本或不利因素等进行分析。就组织而言，应当探讨是否已经完善了用于有效利用这些资源的组织体制或架构。如果一家企业满足VRIO的4个要素，就可以说这家企业可以有效利用所拥有的资源，并且持续保持竞争优势。VRIO分析如果与价值链分析（第94页）和5S现场管理法（第142页）组合使用，则可以发挥更加有效的作用。

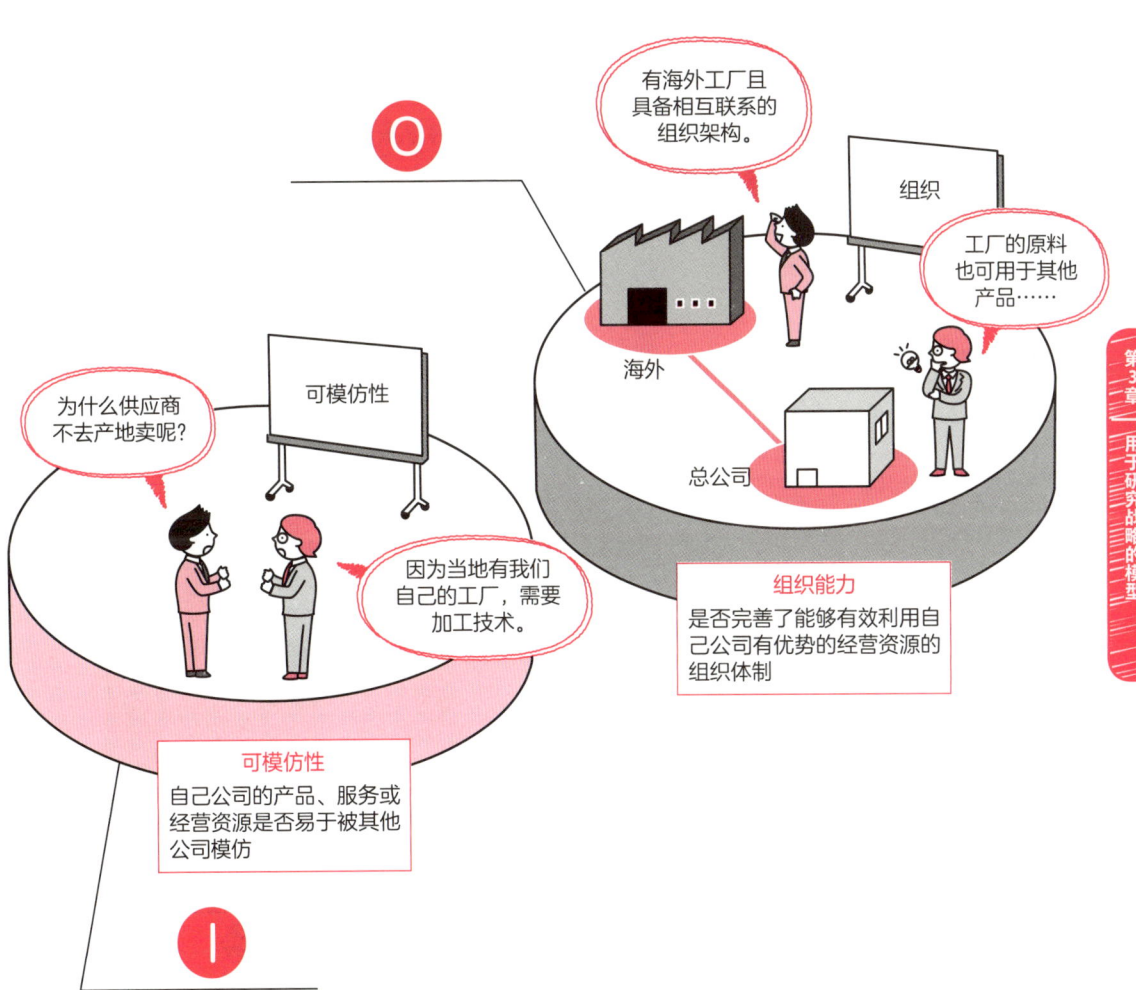

O

有海外工厂且具备相互联系的组织架构。

组织

工厂的原料也可用于其他产品……

海外

总公司

可模仿性

为什么供应商不去产地卖呢？

因为当地有我们自己的工厂，需要加工技术。

组织能力
是否完善了能够有效利用自己公司有优势的经营资源的组织体制

可模仿性
自己公司的产品、服务或经营资源是否易于被其他公司模仿

I

第3章 用于研究战略的模型

关键词 ➡ ☑ **价值链分析**

09 分析创造价值的主体活动和支持活动来发挥优势

按照职能对企业在哪里消耗成本并产出价值进行划分和分析的工具。

价值链分析是一种对企业的业务战略如何产生价值进行分析，发现有效性或问题点的模型。价值链中的"链"指的是链条，即企业直接产生价值的5个主体活动以及支持主体活动的4个支持活动，再加上"利润"所构成的总体增值结构。主体活动包括采购（买入）、生产（加工）、物流（出货）、销售（营销）和服务，这些活动形成链条，为客户产生价值。

通过价值链进行分析

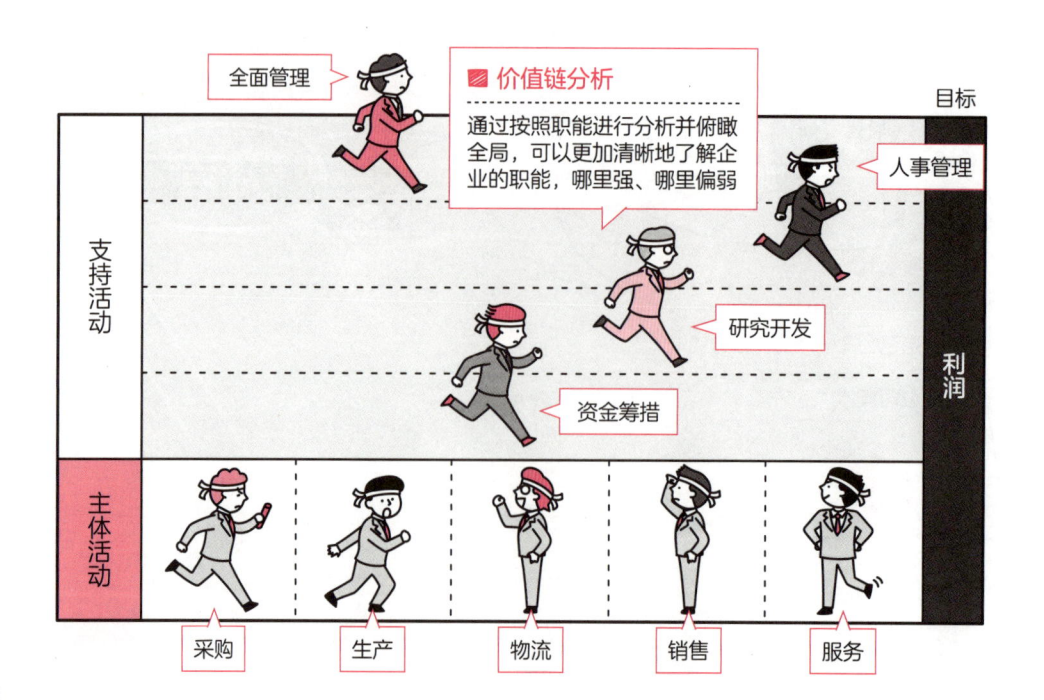

全面管理

价值链分析
通过按照职能进行分析并俯瞰全局，可以更加清晰地了解企业的职能，哪里强、哪里偏弱

目标

人事管理

研究开发

资金筹措

利润

支持活动

主体活动

采购　生产　物流　销售　服务

支持活动对应全面管理、人事管理、研究开发以及资金筹措4个方面。支持活动为主体活动提供支撑，与主体活动相互关联并产生价值。像这样，将企业的整体活动分解成单个的活动，更易于了解各个活动产生的价值和成本。通过进行价值链分析，可以做出正确的判断，继续强化或维持对客户产生更大价值的活动，同时改善阻碍链条增值的瓶颈。此外，还可以通过价值链分析，找出能够有效与其他公司合作或进行外包的活动。而除了企业自身，如果对竞争企业的价值链进行分析，也更易获知行业的KSF（关键成功因素）以及自己公司的方向。

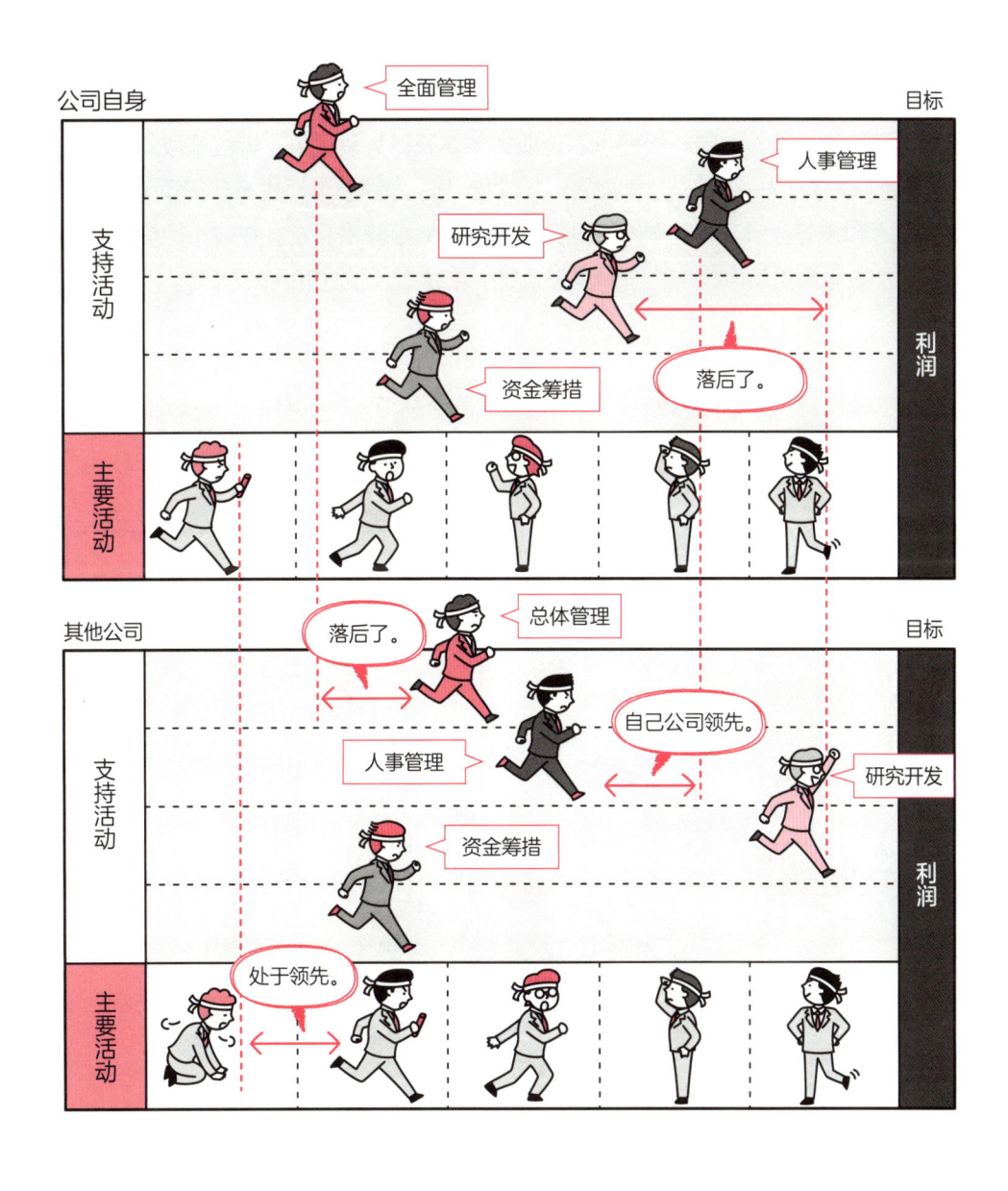

关键词 ➡ ☑ 三种基本战略

10 从成本和范围的角度判断获得竞争优势的方法

将应当采取的经营战略分为三种战略模型，可以根据资源的特性进行选择。

迈克尔·波特（Michael Porter）是提出五力分析（第88页）和价值链分析（第94页）的哈佛大学商学院教授。波特教授提出，企业如果要获得竞争优势，就应采取"**三种基本战略**"，分别是"成本领先战略""**差异化战略**"以及"集中战略"，通过将获得竞争优势的方法划分成低成本和差异化以及将竞争范围划分成大和小的矩阵来表示。在较小的竞争范围内开展业务时，都应当采用集中战略，区别在于是集中在成本，还是集中在差异化上。

企业战略来自市场和资源的分析

成本领先战略是指在较大的竞争范围内，通过低成本来取胜的战略。其理念是同样的产品，价格最低的企业将赢得竞争。而差异化战略则是指在同样大小的范围内竞争，即使价格高，能够提供更大附加值的企业也将在竞争中获胜。如果按计划进行工作，这两种战略都可以带来竞争优势，但是它们并不能持久。差异化战略可能因被模仿或者人气向附加值更高的产品转移而失去需求。而且如果成本差超过了差异化的价值，这一战略也会失败。因此，必须时刻关注公司自身所处的环境，找出新的竞争优势。

波特的三种基本战略

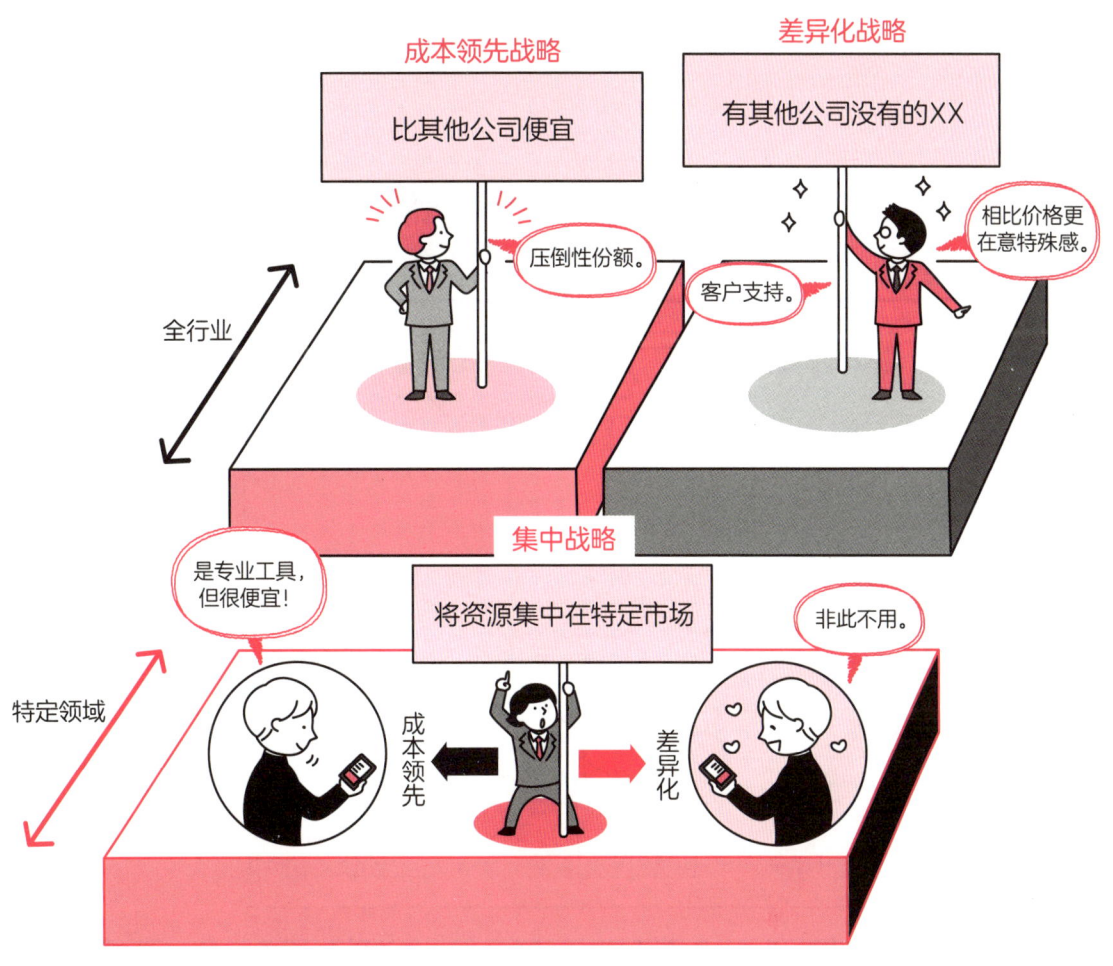

成本领先战略
比其他公司便宜
— 压倒性份额。
全行业

差异化战略
有其他公司没有的XX
— 相比价格更在意特殊感。
客户支持。

集中战略
将资源集中在特定市场
是专业工具，但很便宜！
非此不用。
成本领先 ← → 差异化
特定领域

关键词 ➡ ☑ 3M分析法

11 分析作为企业基本经营资源的人力、物力和财力

企业在考虑经营战略时，应当正确掌握自己公司所拥有的3种力（3M）的现状。

3M表示企业所拥有的3种经营资源，即人力（Men）、物力（Materials）以及用于驱动它们的财力（Money）。**3M分析法**即对这3种经营资源进行分析。

人力除了包含普通员工和人才以及各自的能力以外，还包含人事部门所涉及的录用、配置、培训、评估、薪酬等方面。物力是指土地、建筑或设备、材料以及产品。财力不只是企业持有的资金和资产，还包含资金筹措、利用和管理等领域的能力。这3种经营资源中的任意一项都很重要，但最重要的是人力。

企业拥有的3种经营资源

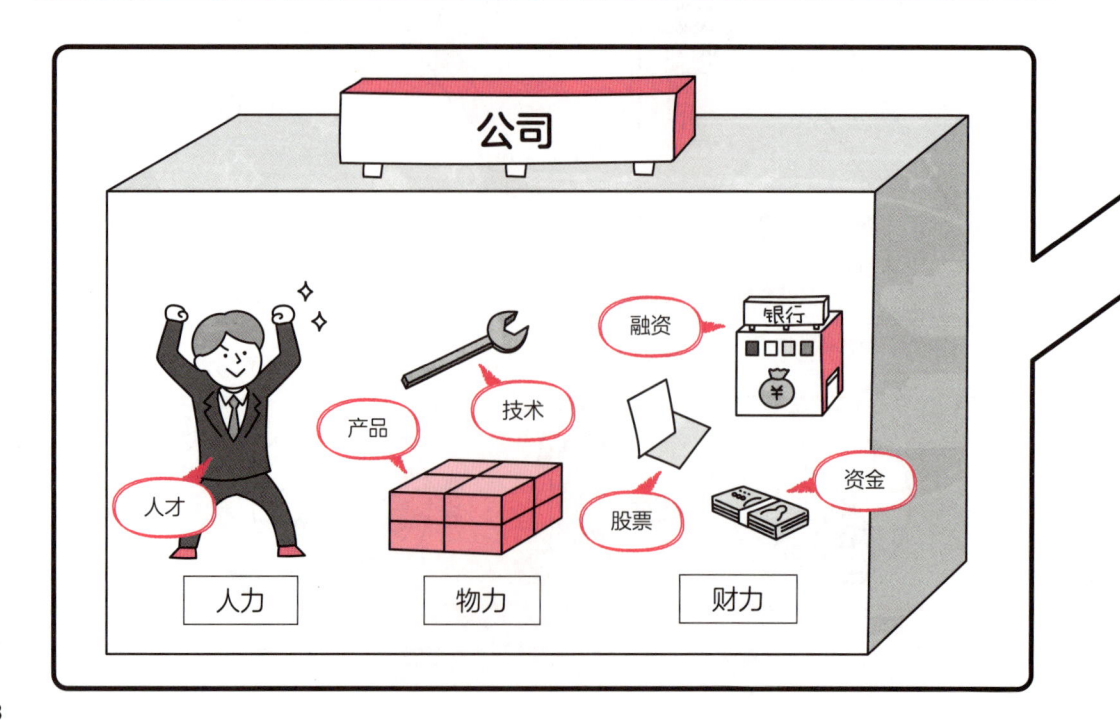

公司

人才 — 人力
产品、技术 — 物力
融资、股票、资金 — 财力

毫无疑问，是有效利用还是浪费物力和财力，都取决于人，但人力并不能覆盖财力和物力。因此，可以说这些经营资源缺一不可，都是重要的因素，必须进行合理的调整，确保任意一项都不会不足。

与此同时，在信息化不断加速的今天，将表示业务所需数据或知识的"信息"包含在内，和3M一起构成重要的经营资源，已经成为常态。而在商业情境下速度感也广泛受到重视，因此也有人将"时间"作为重要资源。此外，还有人提出将智慧以及与外部人员关系等社会关系资源也作为经营资源。

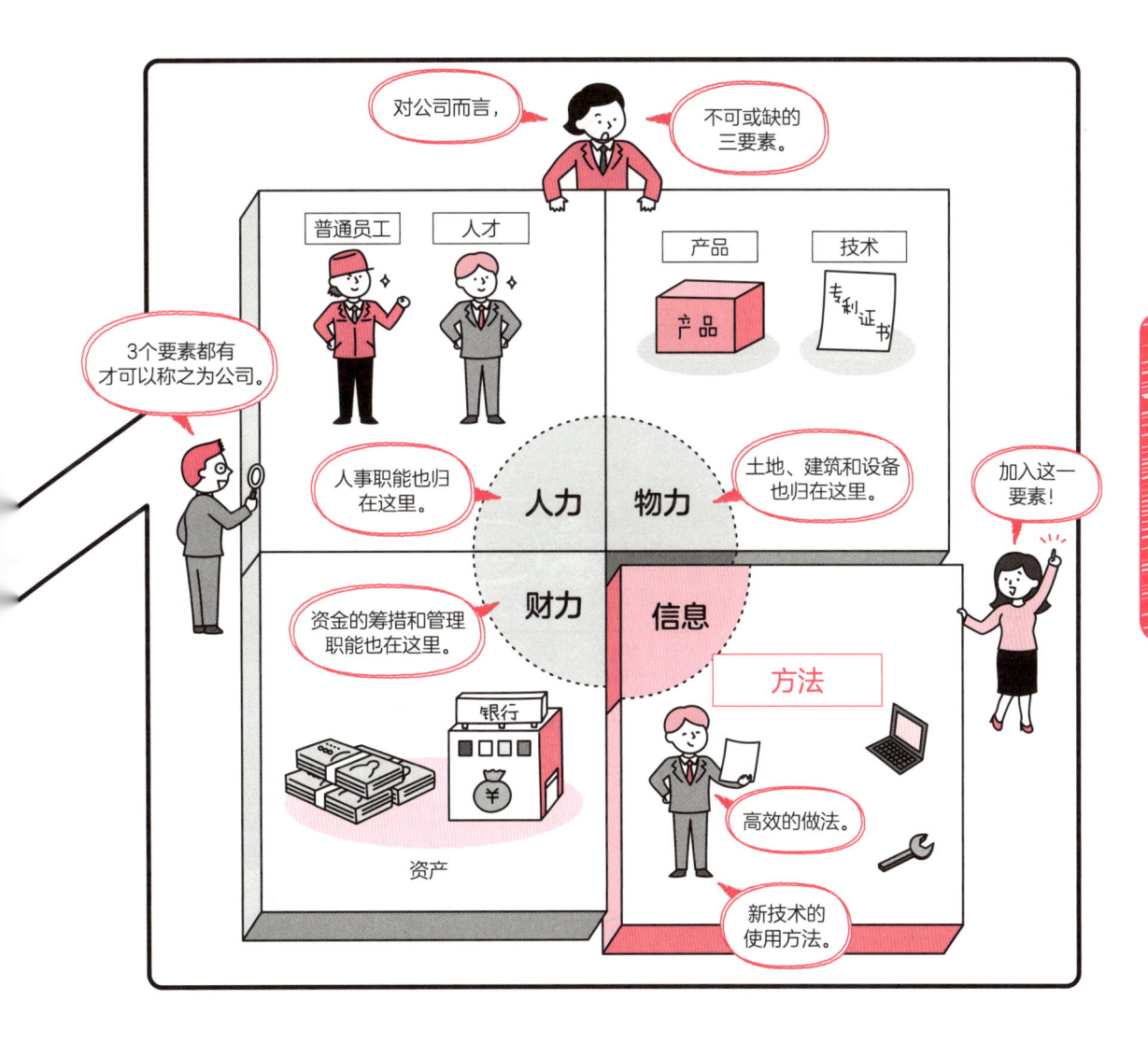

关键词 ➡ ✓ 商业模式、克莱顿·克里斯滕森

12 基于自己公司的经营策略考虑商业模式

卖什么、如何赢利看上去简单，但却是很难回答的问题。
一起寻找创建商业模式的方法吧！

所谓**商业模式**，简而言之，是指"向谁、以何种方式、提供什么并且获利"的业务结构。商业模式是开创新业务时必不可少的要素。此外，通过对现有的业务和产品特征进行重新整理，也可以对业务起到刺激作用。哈佛商学院**克莱顿·克里斯滕森**（Clayton M. Christensen）教授的研究小组提出了这一模型，它用于将商业模式分解成要素并进行说明。这一模型通过客户价值主张（CVP）、赢利模式以及关键流程和关键资源3个关联图来表示。

什么是商业模式？

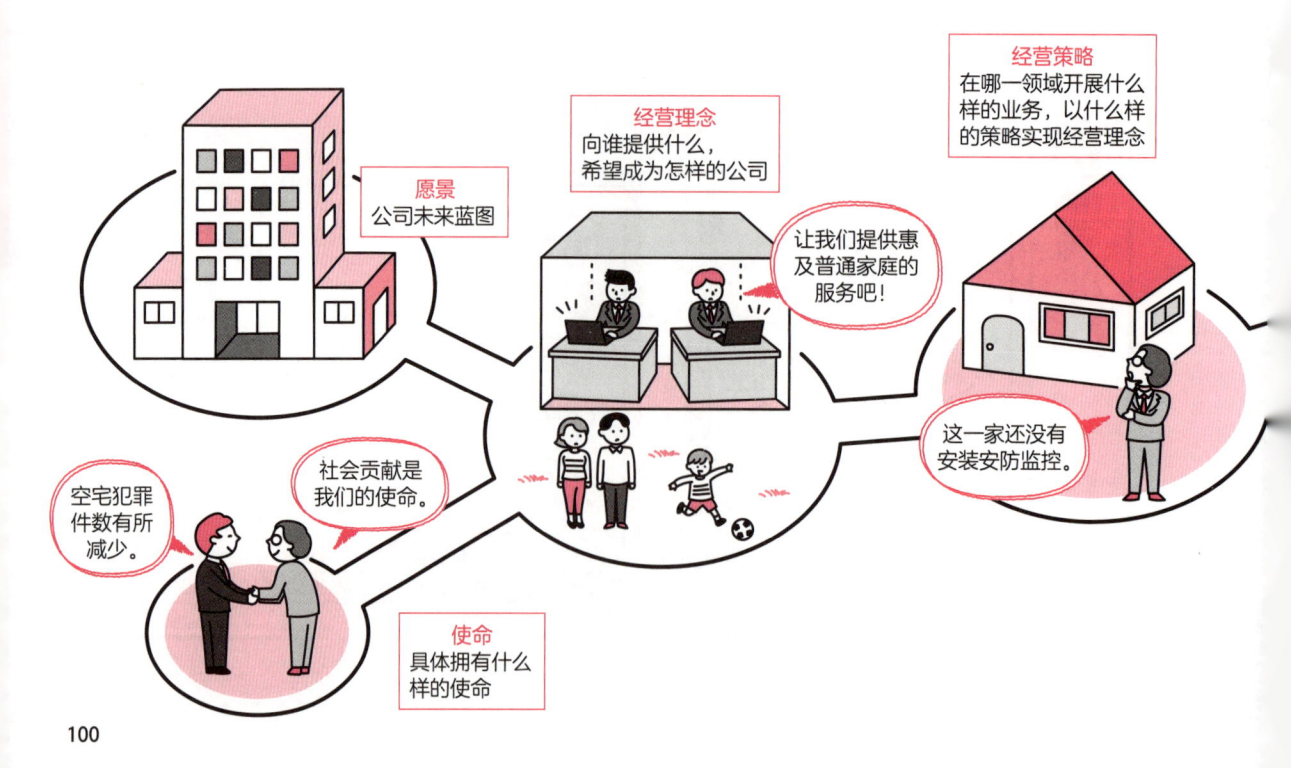

愿景
公司未来蓝图

经营理念
向谁提供什么，希望成为怎样的公司

经营策略
在哪一领域开展什么样的业务，以什么样的策略实现经营理念

让我们提供惠及普通家庭的服务吧！

这一家还没有安装安防监控。

空宅犯罪件数有所减少。

社会贡献是我们的使命。

使命
具体拥有什么样的使命

客户价值主张表示"向什么样的对象提供什么"。重点是一直要思考应满足怎样的客户的何种需求。赢利模式也可以称作收益模式，除收益模式外，还包括通过削减成本来确保利润、先通过免费吸引客户之后再赚钱等独有的模式。关键流程是指业务整体的价值链及其流程，而关键资源则是指前文所述的3M代表的公司自身拥有的资源。尽管通过该模型对业务进行分析可以进行业务整理，但不应局限于单一的商业模式，有时可以准备多个业务组合，在推进新业务时，商业模式不固定反倒更有利。

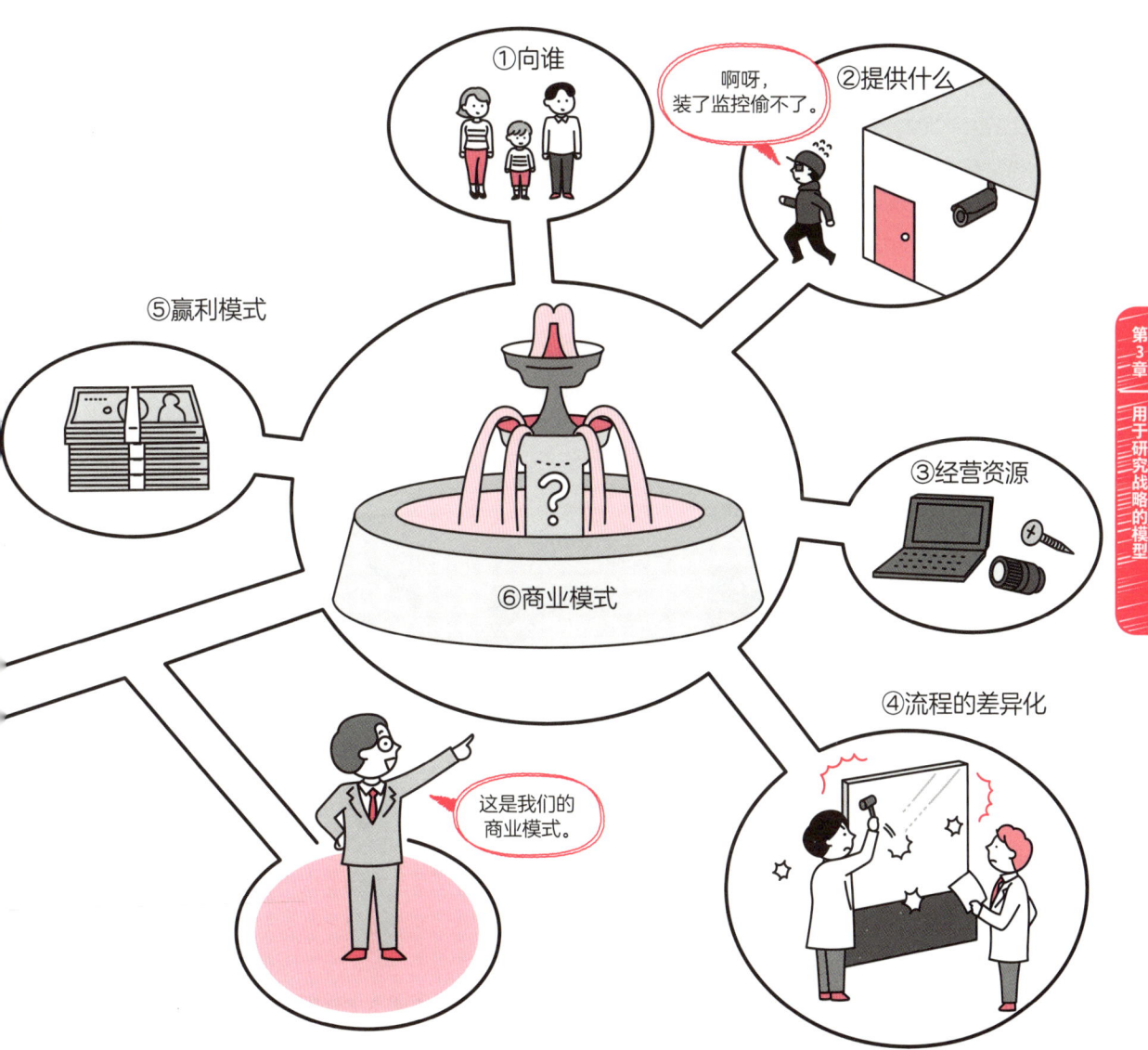

①向谁

②提供什么

啊呀，装了监控偷不了。

⑤赢利模式

③经营资源

⑥商业模式

④流程的差异化

这是我们的商业模式。

第3章 用于研究战略的模型

关键词 → ☑ 兰彻斯特定律

13 学习弱者也能生存的战略

军事与商业,乍看是完全不同的领域,实际则可以适用相同的定律。什么是胜人一筹的定律?

兰彻斯特定律是指在第一次世界大战期间,由F. W. 兰彻斯特提出的与军事相关的数理模型。近代以前的战争,适用"攻击力=兵力×武器性能"的第一定律;而近代之后,则适用"攻击力=兵力的平方×武器性能"的第二定律。在武器性能大幅提升的近代战争中,兵力差出现更具压倒性的差值。兰彻斯特定律原本是有关实际战斗的内容,也可以用于商业。

什么是兰彻斯特战略®?

※ 兰彻斯特战略®是兰彻斯特系统股份有限公司（Lanchester Systems）的注册商标。

■ 第一定律:单兵一对一定律
有2倍兵力时战力差为2倍

■ 第二定律:集中效果定律
如果有2倍兵力和兵器,战力差将变成4倍

面对人数更多的军队无法取胜。

还是撤退吧。

兰彻斯特战略®表示的是兵力较少的一方应当运用"单兵一对一定律",而兵力较多的一方则应运用"集中效果定律"。

20世纪70年代，经营顾问田冈信夫将兰彻斯特第一定律作为商业中的弱者战略进行了介绍。它原本是可适用于局部战斗的定律，即像缩小战场而后集中投入兵力一样，通过缩小业务领域集中投入经营资源，即使以规模较大的企业作为对手，也可能在业务竞争中取得胜利。在中小企业中，现在这一定律也被用于通过集中于一点或者差异化战略，进行局部战斗。

另外，兰彻斯特第二定律可以在大企业的经营战略中使用。此时，兵力相当于企业规模。只有在更大范围内投入经营资源，才可以通过采取准确击中更多客户的战略来获得利润。

与大企业作战的"单兵一对一定律"

自己公司栽培的有机蔬菜

长成好吃的蔬菜吧。

区域战略

限定在东京都范围内

米鲁餐厅

有午休空间的咖啡厅

要点

个体经营者或者中小企业要想与大企业作战，必须运用区域战略、差异化以及创意等。

第 3 章 用于研究战略的模型

关键词 → ☑ 项目组合管理

14 揭示企业或产品在行业中的位置

在企业经营中，在哪里投资以及撤出哪个业务是非常重要的课题。怎样才能准确无误地做出判断呢？

项目组合管理（Project Portfolio Management，PPM）是一种用于探讨在各项业务上进行多大投资的模型。该模型由波士顿咨询集团开发。"Portfolio（投资组合）"一词表示投资对象的清单，即用于分析投资对象的方法。项目组合管理采用以市场增长率和相对份额作为评估因素的图表。如果市场有增长预期，即使份额较低，仍可以期待投资回报。另外，在成熟的市场中，新获得市场份额则比较困难。

各产品的现状分析

A产品是我们的经典。

B产品现在是热卖爆款。

C产品很失败！收手吧！

D产品的用户评价很高但份额过低。

放到PPM的矩阵里将一目了然！

市场增长率和相对份额都高的业务是"红人业务（明星）"。初看非常耀眼，但因为投资额也很大，所以需要在守住市场地位后，将业务转变成市场增长率低而相对份额高的"摇钱树业务"。另外，市场增长率高但相对份额低的业务是"问题儿童业务"，我们希望对其投资使其成为"摇钱树业务"，但增长率不足时也要考虑退出。增长率和相对份额都低的业务是"废柴业务"，尽早退出才是明智之选。项目组合管理就是像这样使用：对企业拥有的不同业务进行分析，然后选出优势业务并进行集中发展。但是，如果只按这种方式来审视业务，则会缺乏针对业务间相互作用的视角，这一点也应当注意。

● 业务和产品的定位分为4种

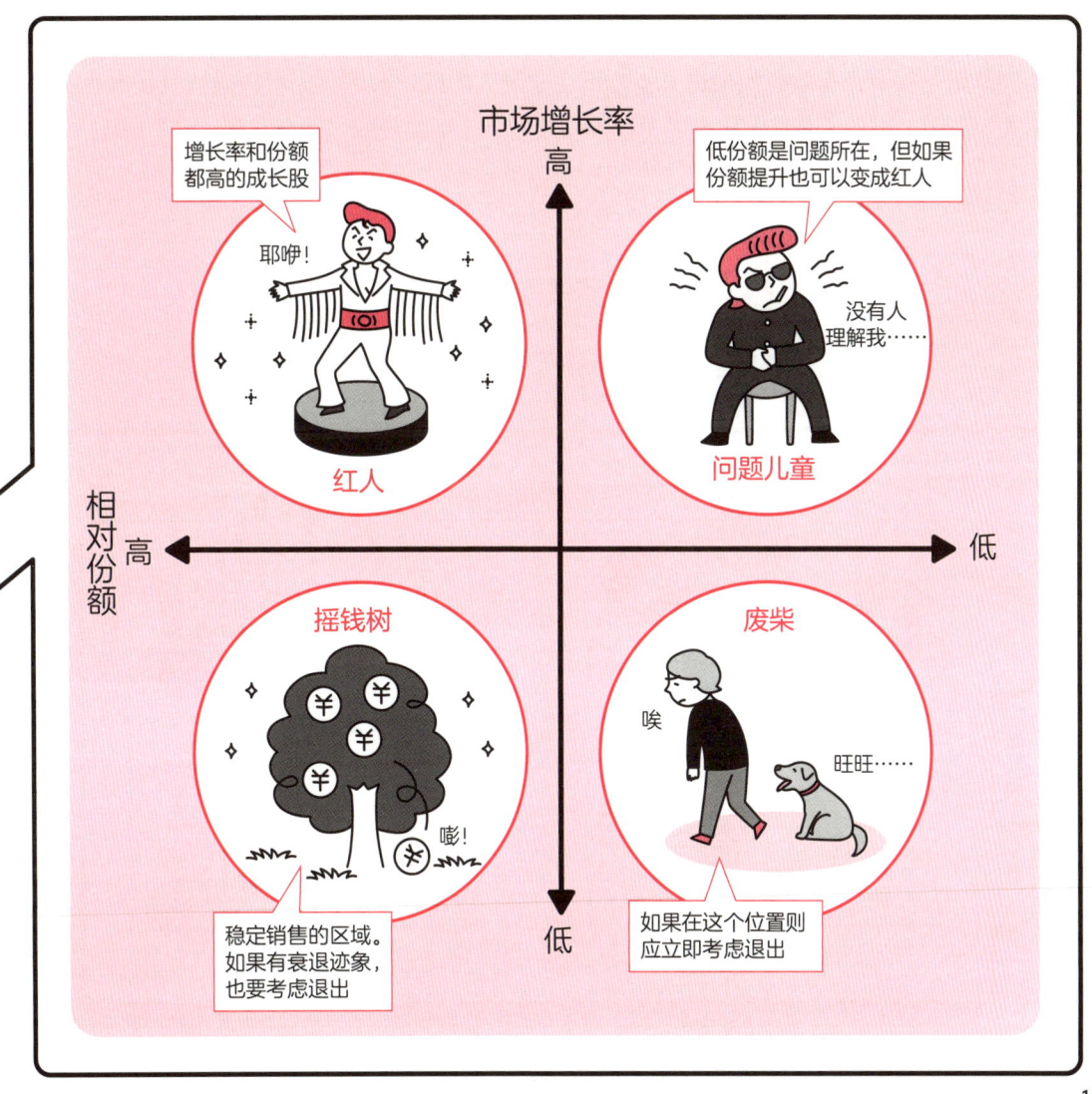

红人 — 增长率和份额都高的成长股

问题儿童 — 低份额是问题所在，但如果份额提升也可以变成红人

摇钱树 — 稳定销售的区域。如果有衰退迹象，也要考虑退出

废柴 — 如果在这个位置则应立即考虑退出

关键词 ➡ ☑ 安索夫矩阵、H.I.安索夫

15 考虑业务成长和扩张的头脑风暴工具

企业需要持续成长。
让我们一起来思考用于判断如何让企业成长的方法。

安索夫矩阵是由管理学家**H.I.安索夫**提出的工具，也称作业务扩张矩阵，是分析企业业务成长战略的模型。此外，它还可以用于分析自己公司遗漏的举措，尤其是在多样化的措施中协同作用是否真正有效。如果进一步分析企业过去的成功案例，还可以确认其优缺点。在安索夫矩阵中，市场（客户）和产品（技术与服务）分别被分成"现有"和"新"2类。

安索夫矩阵

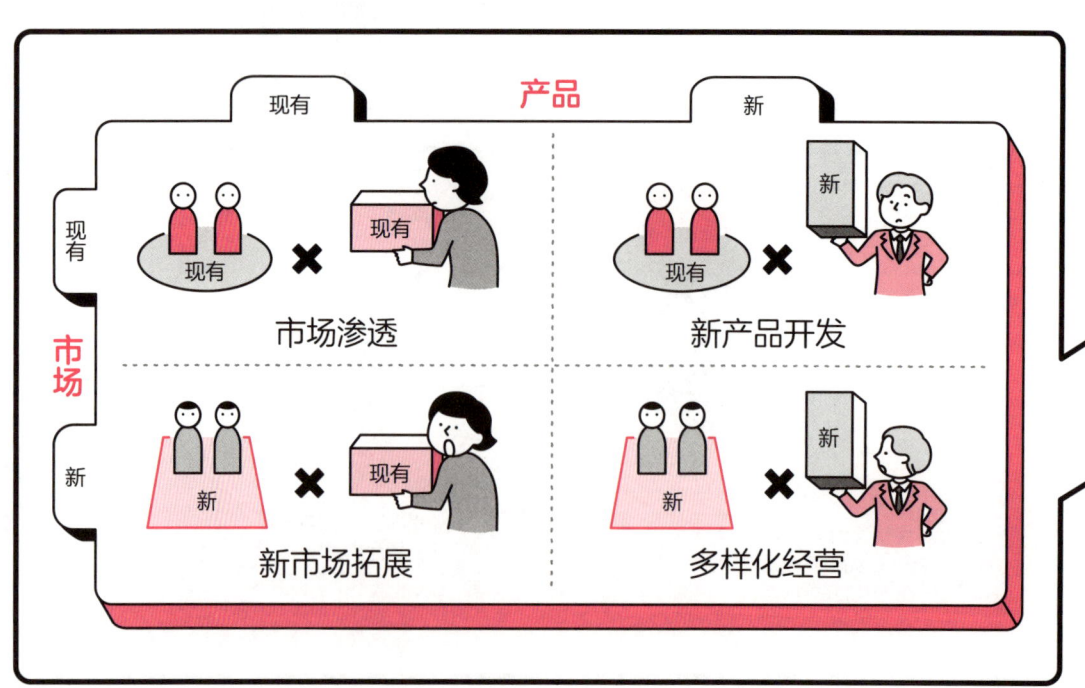

	产品 现有	产品 新
市场 现有	现有 × 现有 **市场渗透**	现有 × 新 **新产品开发**
市场 新	新 × 现有 **新市场拓展**	新 × 新 **多样化经营**

106

现有市场和产品的组合是"市场渗透"的方向，可以采取增大市场占有率的战略。"新市场拓展"是将现有产品卖到新的区域；而"新产品开发"则是在现有市场中追求新的产品属性，并扩展产品线。这两种方向可以产生现有市场和新市场、现有产品和新产品之间的协同作用。而以新产品获得新市场的"多样化经营"，如果进展顺利则可以大幅扩大业务规模，但是风险也更高。成功率最高的是市场渗透，包括提高客单价或者培养重度消费者等措施。通过这样的形式扩大业务，不仅有利于企业成长，还可以分散风险，同时积累企业内部的技能和专业知识。

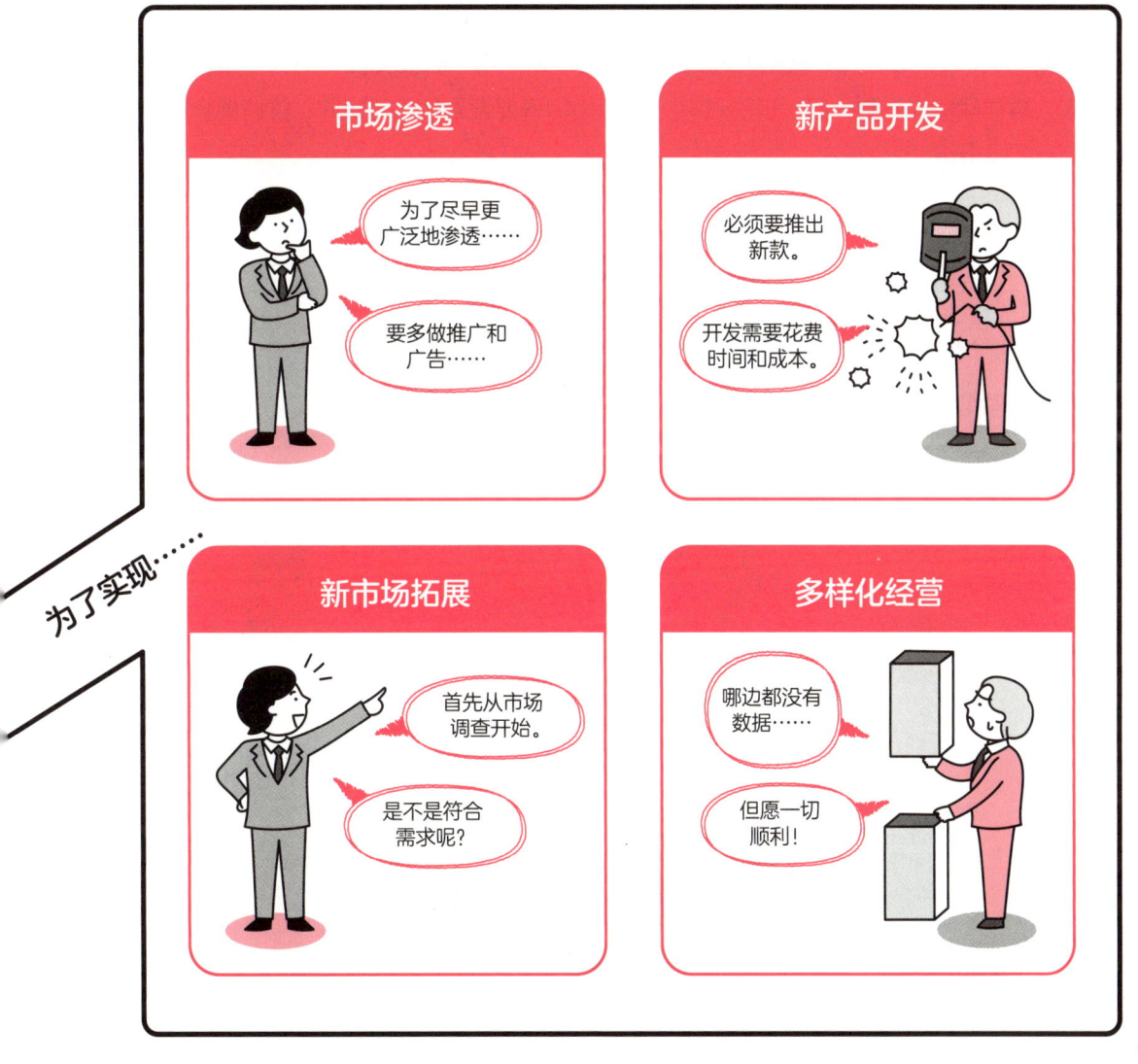

市场渗透

- 为了尽早更广泛地渗透……
- 要多做推广和广告……

新产品开发

- 必须要推出新款。
- 开发需要花费时间和成本。

为了实现……

新市场拓展

- 首先从市场调查开始。
- 是不是符合需求呢？

多样化经营

- 哪边都没有数据……
- 但愿一切顺利！

关键词 ➡ ☑ SWOT交叉分析法

16 使用SWOT的4项要素找到应选策略

SWOT分析始终是分析的第一步。
如要将其结果用于业务战略或经营战略，则需要更进一步。

我们在第50页介绍过SWOT分析，在由内部环境和外部环境、正面和负面2个维度组成的矩阵中，可以得出优势、劣势、机会和威胁，即S、W、O、T4项要素。**SWOT交叉分析法**指的是利用这4项要素，探讨战略方向的模型。这一模型用于将彼此孤立的各要素相互关联到一起，再与战略联系到一起。以SWOT分析导出的各要素为轴创建矩阵，这些要素相互交叉的部分即可得出4种战略。

SWOT交叉分析法

战略的选择

	优势	劣势
机会	机会×优势　出发！ 充分利用机会主动出击！	机会×劣势　开干！ 克服弱点，防止机会溜走！
威胁	威胁×优势　防住！ 充分利用优势克服窘境！	威胁×劣势　啊呀呀！ 如果不能克服劣势，就无法继续生存。

"机会和优势"的单元格是企业最能发挥竞争优势的部分，企业首先应当关注这个部分的战略。在"威胁和优势"的单元格，应当采取发挥优势以克服威胁的战略。在"机会和劣势"的部分，需要通过克服劣势来充分利用机会，或者避免因劣势而丧失机会。而在"威胁和劣势"的部分，则应当回避对自己公司而言最差的局面，或者克服劣势以战胜威胁，探讨将重大消极因素转换为积极因素的战略。

使用SWOT交叉分析时，重点是能否按照充分的质和量，通过SWOT分析导出各项战略。

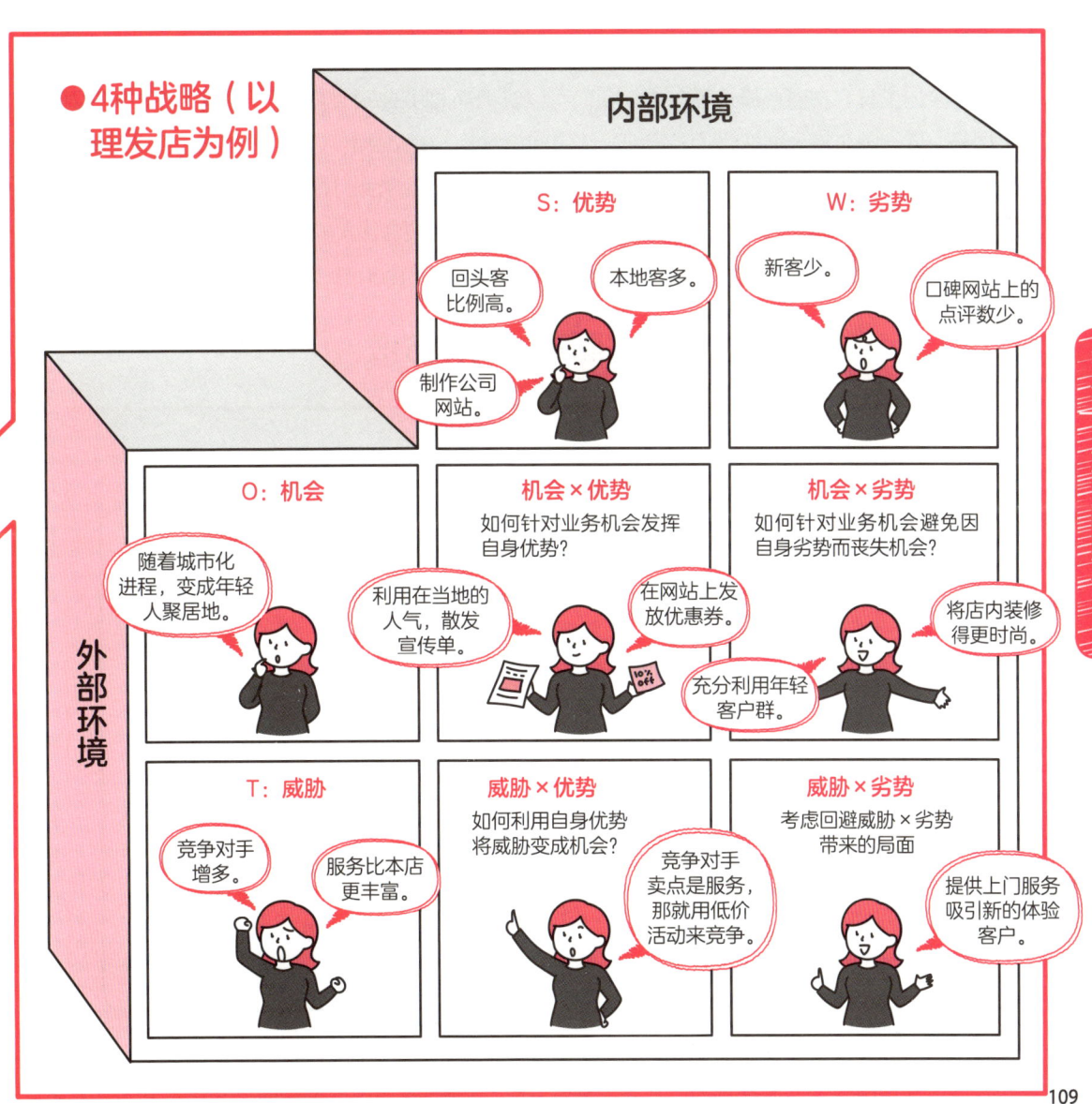

● 4种战略（以理发店为例）

内部环境

S：优势
- 回头客比例高。
- 本地客多。
- 制作公司网站。

W：劣势
- 新客少。
- 口碑网站上的点评数少。

外部环境

O：机会
- 随着城市化进程，变成年轻人聚居地。

机会×优势
如何针对业务机会发挥自身优势？
- 利用在当地的人气，散发宣传单。
- 在网站上发放优惠券。

机会×劣势
如何针对业务机会避免因自身劣势而丧失机会？
- 将店内装修得更时尚。
- 充分利用年轻客户群。

T：威胁
- 竞争对手增多。
- 服务比本店更丰富。

威胁×优势
如何利用自身优势将威胁变成机会？
- 竞争对手卖点是服务，那就用低价活动来竞争。

威胁×劣势
考虑回避威胁×劣势带来的局面
- 提供上门服务吸引新的体验客户。

第3章　用于研究战略的模型

关键词 ➡ ☑ 商业模式画布

17 使用商业模式画布将想法发展为商业模式

商业模式如何创建呢？
通过汇总9个要素，即可导出商业模式。

商业模式画布这一模型用于理解和创建第100页所述的商业模式，也可以说是将想法与商业模式相连接的工具。在商业模式画布中，我们可以对相互关联的9个要素进行整理，并在一张画布上展开。这一画布将分别按照"客户细分（Customer Segment, CS）""价值主张（Value Proposition, VP）""渠道（Channel, CH）""客户关系（Customer Relation, CR）""核心活动（Key Activity, KA）""核心资源（Key Resource, KR）""重要合伙人（Key Partner, KP）""成本结构（Cost Structure, CS）"以及"收益流（Revenue Stream, RS）"这9个项目来书写。

商业模式画布的制作方法

● 商业模式画布

重要合伙人	核心活动	价值主张	客户关系	客户细分
	核心资源		渠道	
成本结构			收益流	

商业模式画布© Strategyzer

110

商业模式画布中的各要素采用什么样的顺序和汇总方式取决于不同的目的。比较易于理解的汇总方式是将客户细分（即价值，等于产品和服务的提供对象）、价值主张（提供的价值是什么）、渠道（送达价值的途径和流程）、客户关系（考虑建立与客户之间的关系）作为商业模式画布的核心来汇总。然后总结与收支相关的收益流和成本结构，再将核心活动、核心资源（表示拥有的资产和资源）以及"重要合伙人"作为组织的体制进行整理。通过写出这些要素，可以清楚地了解组织的不足之处是什么以及优势在哪里。

● **商业模式画面实例（主打杜松子酒的酒吧运营）**

重要合伙人	核心活动	价值主张	客户关系	客户细分
运营杜松子酒的酒吧	仁酒吧	片刻治愈。 成年人的饮酒方式。	聊人生的知己	20~40岁 男女 爱喝酒
当地酒厂	**核心资源** 杜松子酒		**渠道** 自营酒吧	

成本结构	收益流
进口成本 　　楼宇租金	喝酒花费、台费

第 3 章　用于研究战略的模型

关键词 ➡ ☑ 计划图

18 掌握人、物、财的相关性和流程

将业务流程转换成具体的形式即为"计划图"。
借助图示的方式，更易理解业务流程的动向。

在商业中，Scheme一词指的是计划/结构/构造。**计划图**是指用图来表示组织提供产品和服务并获得收益的业务结构或构造的模型。创建计划图首先是掌握主要的人、物、财（3M）（第98页）的相关性及其动向。"人"指的不只是个人，也包含供应商及合作公司。"物"同样也包含专业知识或信息等无形物。如果已经整理好了商业模式画布（第110页）中列举的9个要素，则很容易创建计划图。

计划图是为了简单易懂

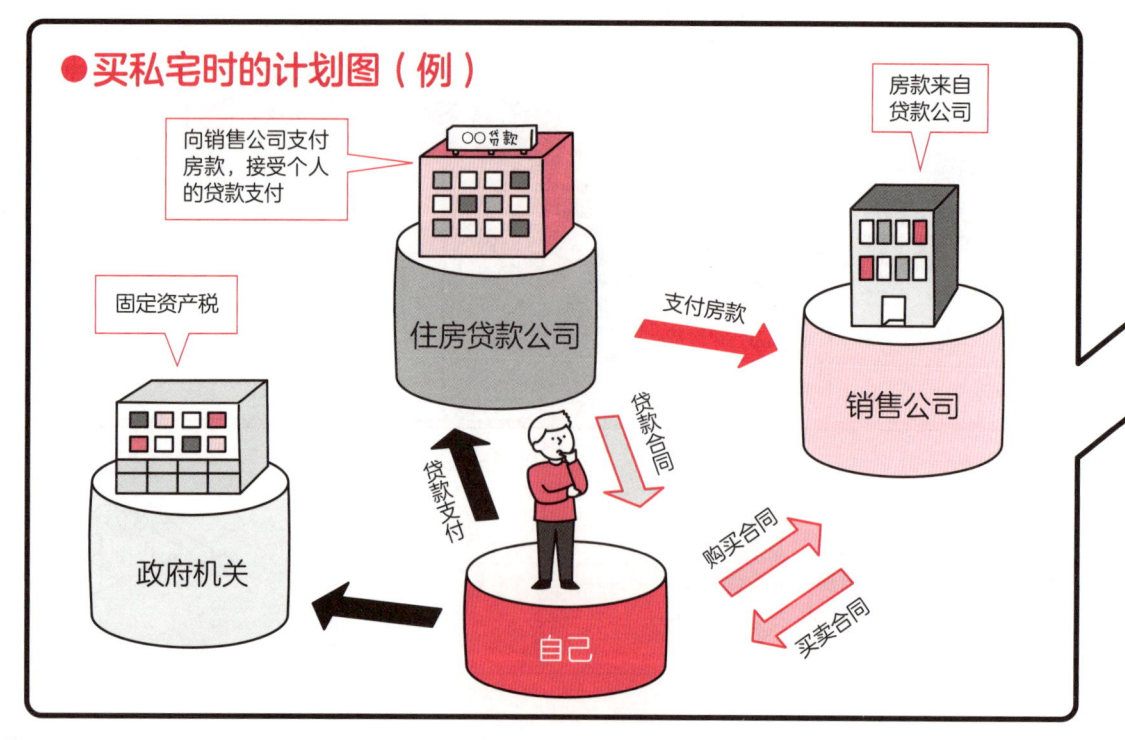

● 买私宅时的计划图（例）

- 向销售公司支付房款，接受个人的贷款支付
- 房款来自贷款公司
- 固定资产税
- 住房贷款公司 → 支付房款 → 销售公司
- 贷款支付 → 政府机关
- 自己 ⇄ 贷款合同 / 购买合同 / 买卖合同

112

创建计划图的重点是明确这些要素之间进行了怎样的转化，即了解它们的相关性。用图来表示所有细节的相关性，任何一个位置都可以更加详细，因此我们需要根据目的，在一定程度上一边整理一边调整。如果写得太详细，则图可能很难理解。这种情况下，可以另建一个计划图，深度挖掘特定的部分。要注意除了绘图人自己以外，第三方是否也很容易看懂这张图。通过制作计划图，可以更加轻松地掌握人、物、财等各要素的流动是否正常循环。如果未能循环，则可能是因为转化的方向未正确标记，或者业务结构自身存在问题。

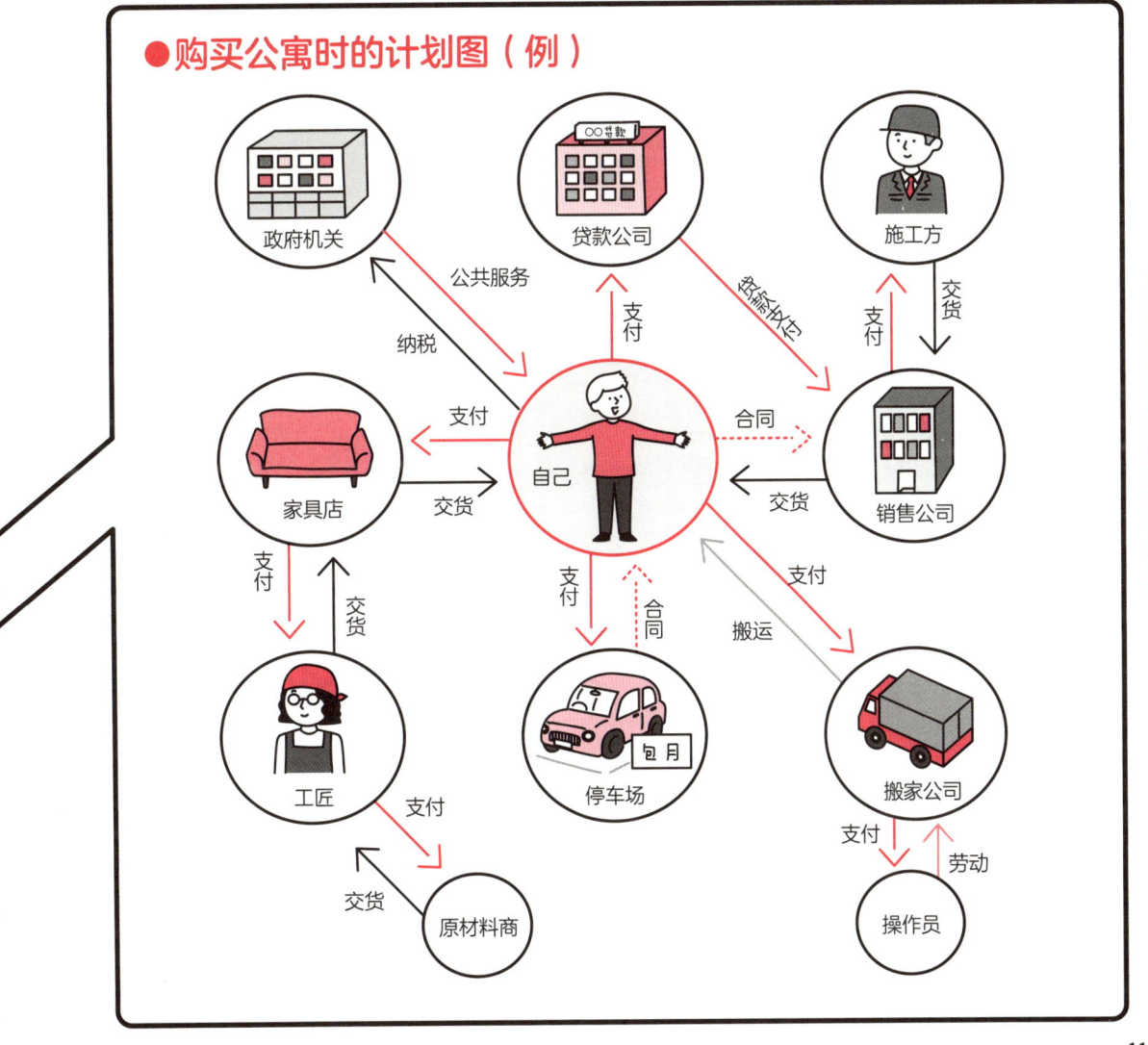

● **购买公寓时的计划图（例）**

关键词 ➡ ☑ 甘特图

19 便于项目或任务管理的甘特图

项目规模越大，就越需要日程和人员的管理。
因此，需要了解简单易懂的总结方法。

甘特图是在管理项目或任务时创建的条状任务清单。除了任务清单之外，这一工具还可以对作业的计划和进展情况等日程进行可视化共享。尤其是多名团队成员分别处理不同任务的情况下，可以明确标出谁在什么时间做什么等信息，同时项目整体的管理和信息共享也更加容易。另外，甘特图还可以从项目总体的截止日期逆向推算，用于汇总在什么时间之前应该做什么。

各项目的预定进展一目了然

我们要扩大啦！
明年要招50名新员工！
哎呀
要买备用品吗？
要办招聘活动和宣传活动吧。
对收支会有影响……
只有各部门通力合作才能完成……

人事　经理　总务　企划　财务

➡ 项目团队成立

在制作甘特图时，首先要弄清必要的任务。如果此时有遗漏，之后的日程就可能出现破绽，因此应当确保毫无遗漏。然后对这些任务进行分类，确定执行的顺序。再下一步决定任务的开始日期、预计完成日期以及负责人等。如果有期限或进展率等其他必要信息，也应当加入其中。最后，决定按什么顺序、在什么时机执行任务，用条状图画到图上。如果是1～2个月的项目，以天为单位绘制甘特图即可；时间更长的情况下，以周或者月为单位亦可。绘图完成后，应当确认是否存在负责人的任务过度集中等问题。

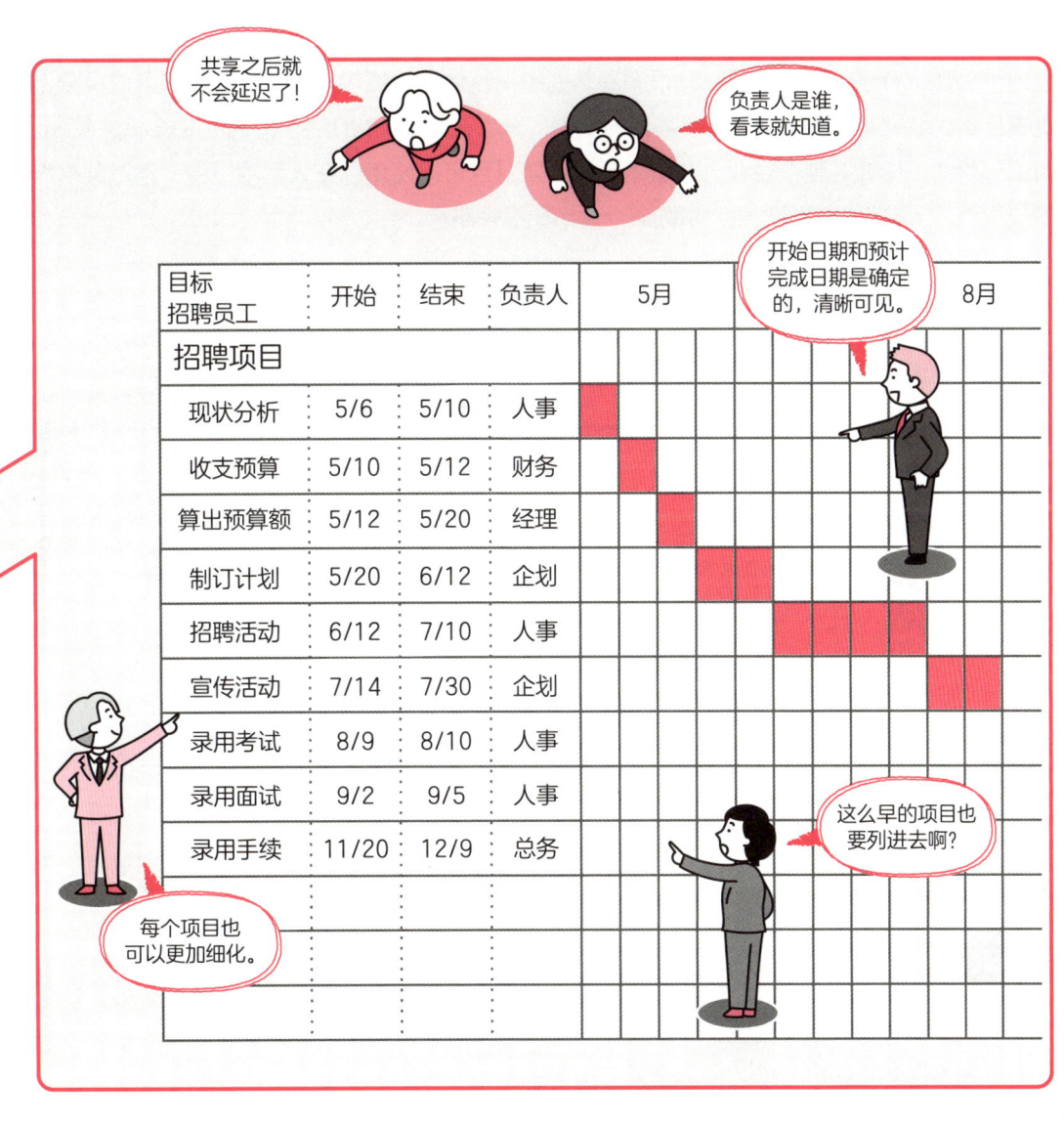

共享之后就不会延迟了！

负责人是谁，看表就知道。

开始日期和预计完成日期是确定的，清晰可见。

目标 招聘员工	开始	结束	负责人	5月								8月		
招聘项目														
现状分析	5/6	5/10	人事											
收支预算	5/10	5/12	财务											
算出预算额	5/12	5/20	经理											
制订计划	5/20	6/12	企划											
招聘活动	6/12	7/10	人事											
宣传活动	7/14	7/30	企划											
录用考试	8/9	8/10	人事											
录用面试	9/2	9/5	人事											
录用手续	11/20	12/9	总务											

每个项目也可以更加细化。

这么早的项目也要列进去啊？

第3章　用于研究战略的模型

关键词 ☑ 组织架构图

20 为高效推进业务，编制组织架构图

组织架构图在重整组织整体和组建团队时也可以发挥作用。

组织架构图是指在实施和运营业务时，用图来表示部门或岗位的组成架构，以及各个职位的相关性。有了组织架构图，就很容易掌握组织整体的职能以及其中各部门和各成员分别负责什么。组织架构图通常是金字塔形的结构，采用在大部门之下悬挂小部门的形式来绘制。组织架构图不只针对整个企业，在组建项目团队时也可以使用。在大型项目中，通过共享组织架构图，大家更易了解全局，掌握命令体系和报告路径。

即刻了解公司命令体系的组织架构图

部长：为什么和XX建设公司的支付合同还没签下来？

嗯。

因为总经理休假，审批停止了。

总经理

科长：嗯。

这是非常重要的客户……其他公司是怎么处理的呢？

组织架构图不单是对组织进行图示，还可以用于调整组织的存在形式，重新评估组织架构是否符合不同的目标。是自上而下型的组织，还是扁平型的组织，企业可以根据组织架构图是否是希望成为的形态，来探讨如何选择。如果是跨部门的项目型组织，则不需要拘泥于金字塔型，可以考虑更简单易懂的图示方法。

此外，组织架构图还可以用于调查是否存在职能重复的部门以及缺少的部门。

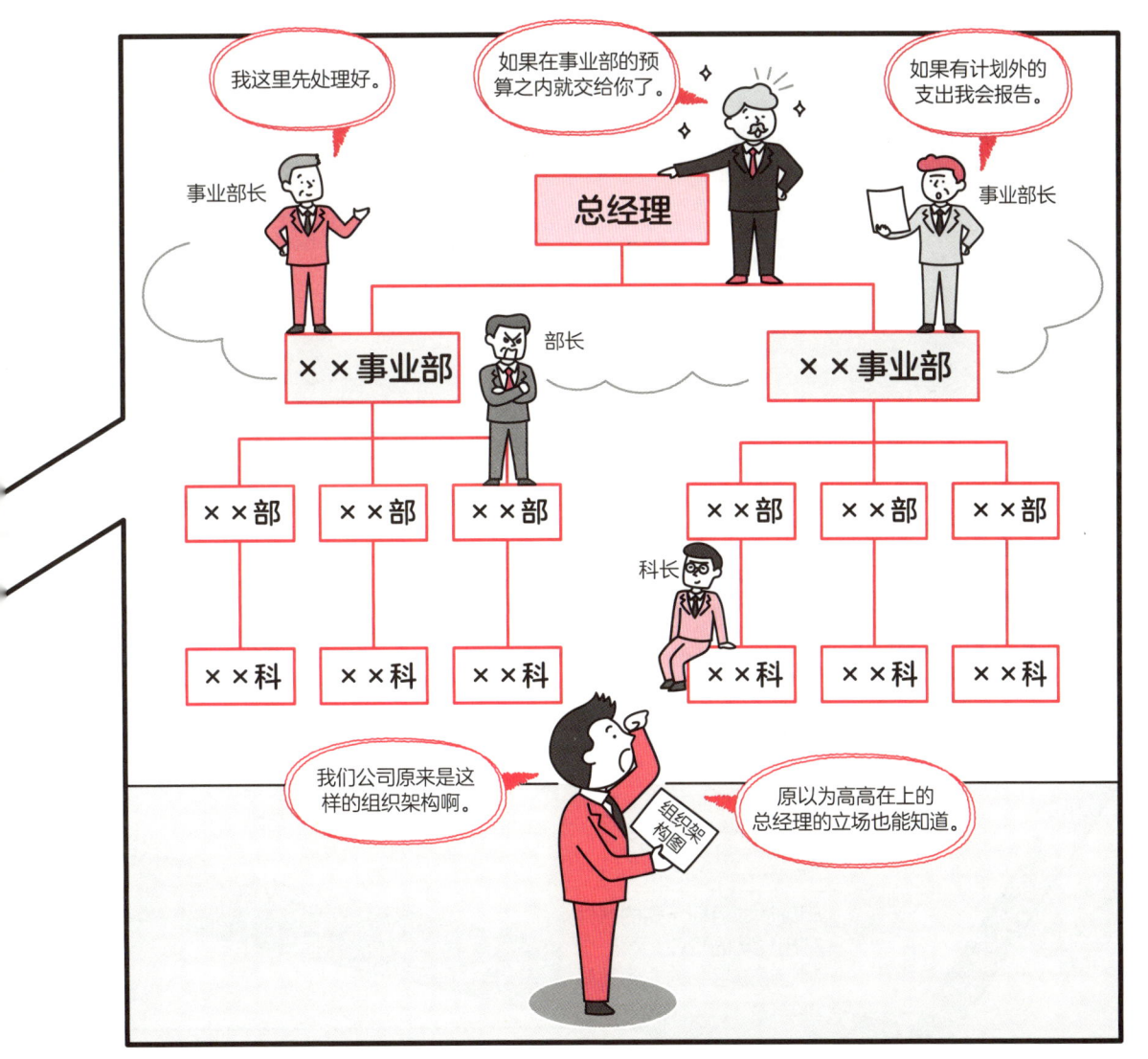

关键词 ➡ ✓ 路线图

21 将实现目标的路程标注在路线图上

共享企业的目标以及计划走什么样的道路，可以产生诸多益处。

路线图原指道路地图，在商业中是指借用这个概念来表示通往未来目标之路的进度表和计划表等。路线图既有用于推广的、只表示产品发售期或措施实施期的情况，也有汇总必要成本和资源用于业务计划的情况。这里我们将对后者进行说明。借助路线图，我们可以共享如何发展业务的蓝图，面向投资人等外部相关人员展示未来图景。

面向设定的终点制订计划

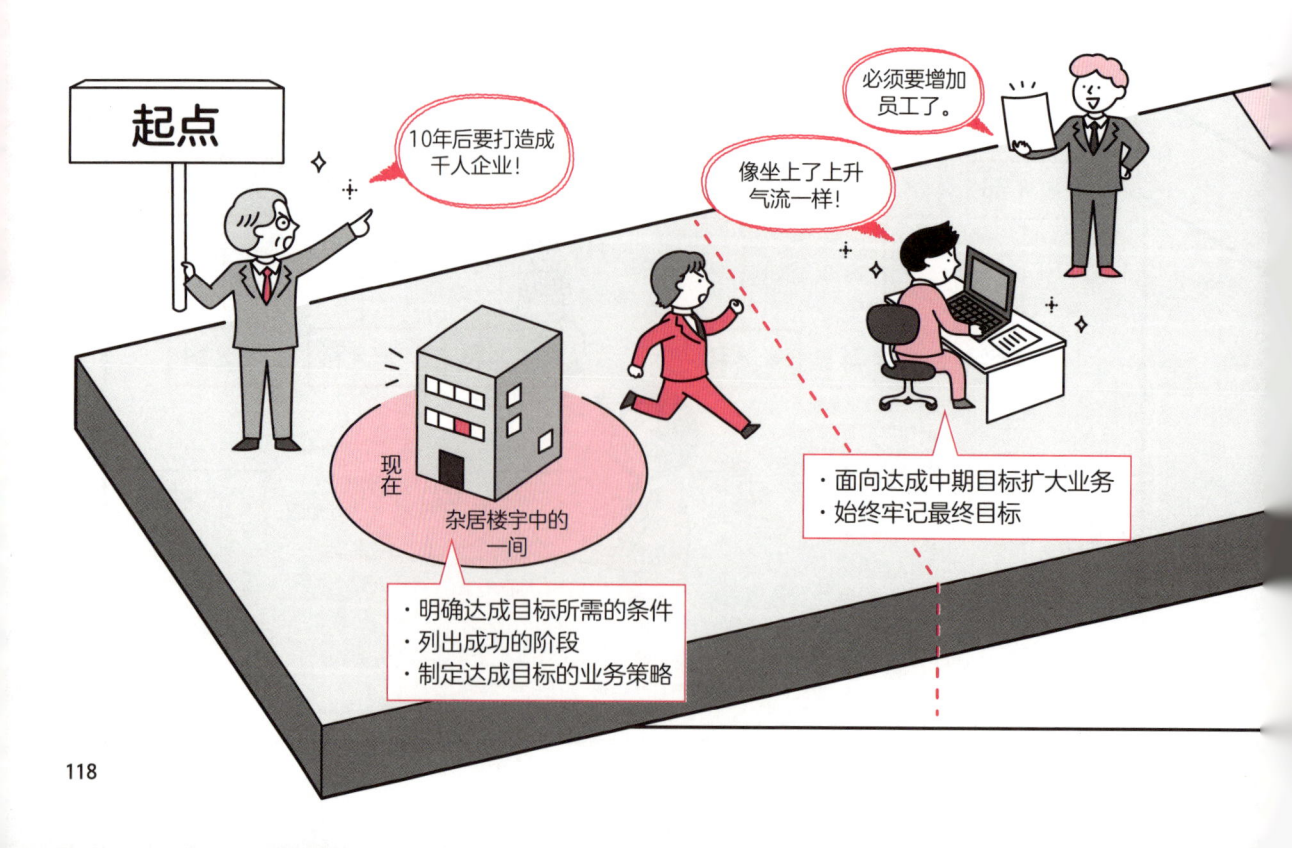

起点

10年后要打造成千人企业！

像坐上了上升气流一样！

必须要增加员工了。

现在
杂居楼宇中的一间

- 明确达成目标所需的条件
- 列出成功的阶段
- 制定达成目标的业务策略

- 面向达成中期目标扩大业务
- 始终牢记最终目标

要创建路线图，首先应当设定要达到的终点。为了尽可能做到具体，还需要设定完成日期等信息。接下来，列出现状如何，然后在现状与终点之间设定若干个中期目标。如果从现状开始往上列目标，则很难了解整体的步骤，因此可以从终点开始逆向推算并设定目标。也有一种方法是在现状和终点的正中间树立目标，再在这一目标与终点的正中间设定目标（参照第20页"时光机法"）。设定目标后，接下来讨论并填写旨在达成目标的"创建组织体制"以及"开拓市场"等。这样就可以发现在实现目标时可能遇到的障碍，厘清原先预定计划与实际日程之间的差距。

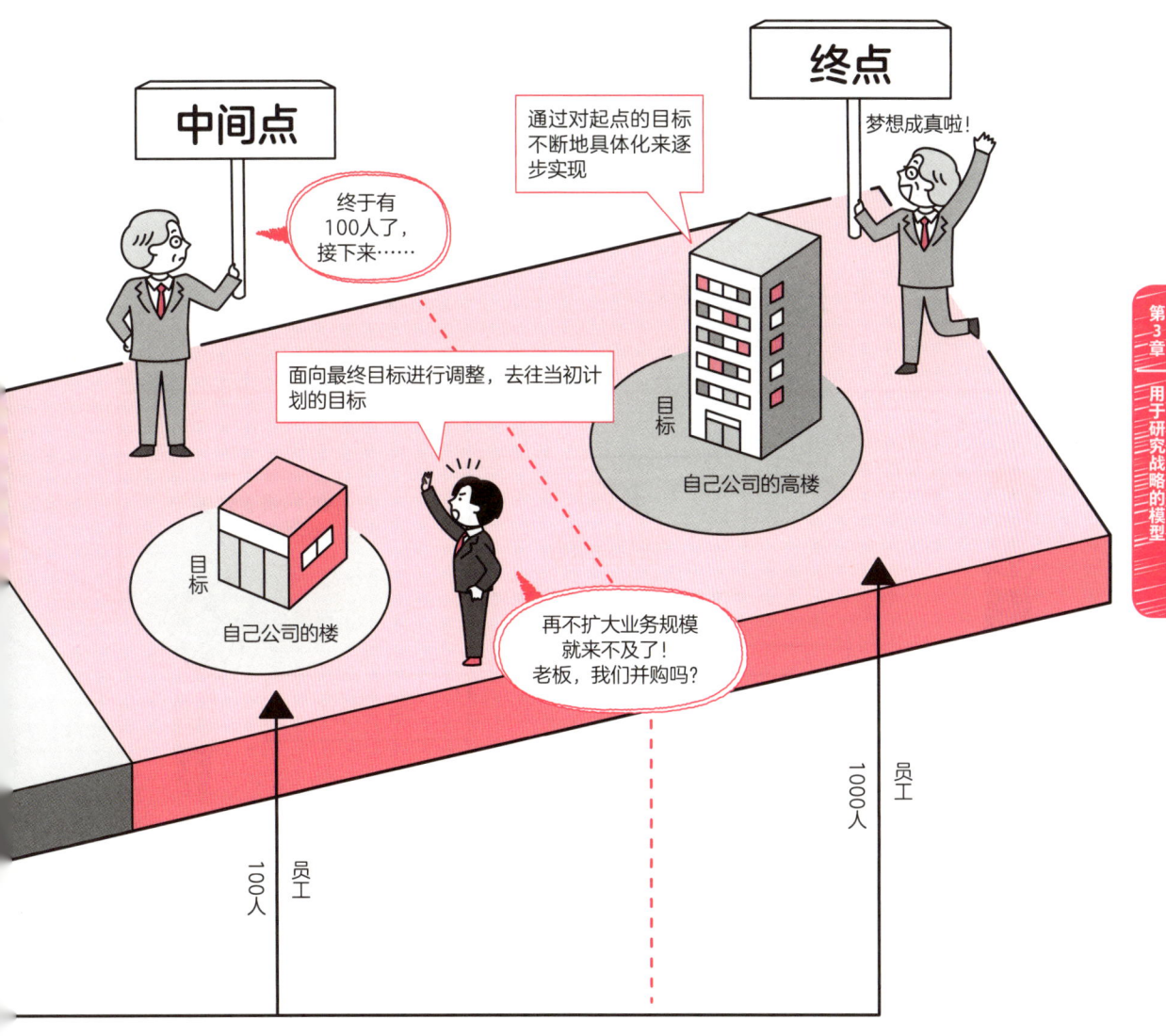

关键词 → ✓ KPI指标树、关键绩效指标

22 可对达成目标所需行动进行可视化分析的工具

明确当前相对于目标处于什么位置，可以得出具体的措施或改进方案。

KPI指标树是一种用于面向达成目标，定量测定进展的模型。KPI是Key Performance Indicators的首字母缩写，意思是**关键绩效指标**，顾名思义，即用于定量评估业绩的指标。在KPI指标树中，重要的是KGI（Key Goal Indicators），即关键目标指标。KPI指标树就是对作为KGI中间指标的KPI进行分解和展示。通过进行详细的指标设定和测算，可以设计和改善具体的措施以及各成员分担的职责等。

用于达成销售目标的KPI指标树实例

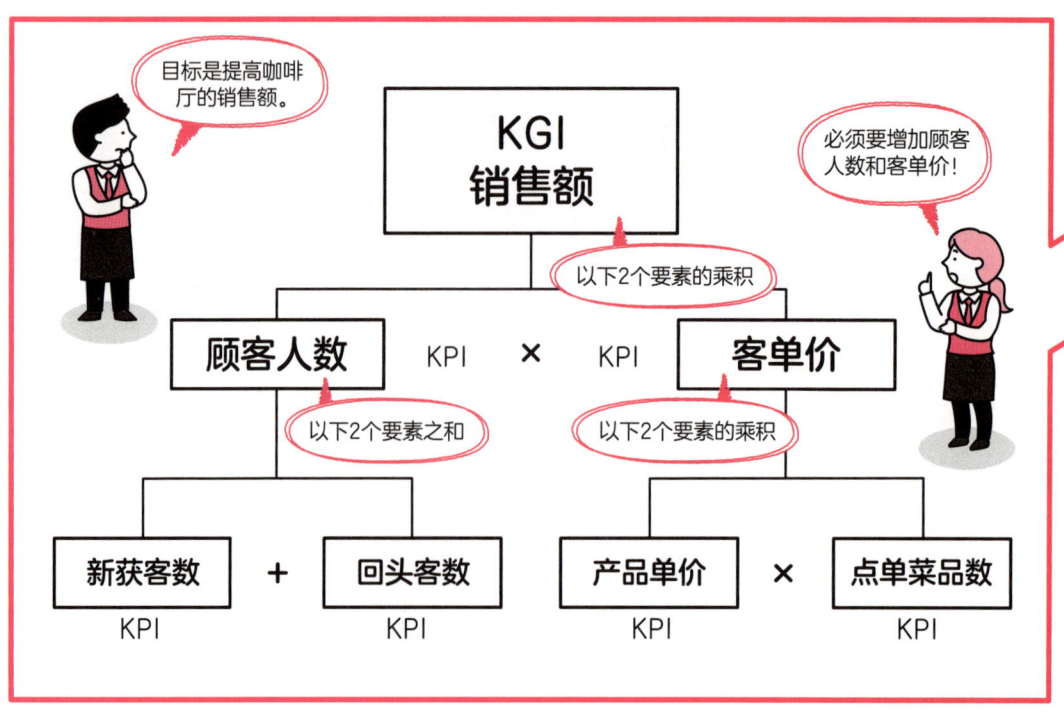

目标是提高咖啡厅的销售额。

必须要增加顾客人数和客单价！

```
            KGI
           销售额
              │
         以下2个要素的乘积
         │              │
      顾客人数   KPI × KPI   客单价
         │                     │
    以下2个要素之和         以下2个要素的乘积
    │        │              │           │
  新获客数 + 回头客数      产品单价  ×  点单菜品数
   KPI       KPI            KPI          KPI
```

120

要制作KPI指标树，首先需要设定作为目标的KGI。就业务而言，销售额的目标显然是最容易理解的。接下来，需要将KGI分解成KPI。如果是销售额，可以分解成顾客人数和客单价。这里的重点是，这2个要素相乘可以得出KGI。即使不是相乘，也要能通过加减乘除运算，得出上方的要素。以此类推，将KPI再进一步分解成多个KPI，按照这样的顺序，完成树形结构。在下面的项目中同样也需要列出可以通过加减乘除计算得出的要素。KPI和KGI都必须是可以定量计算的。即使看上去是定性要素，也可以考虑一下是否可以定量计算。

关键词 ➡ ☑ SMART模型

23 避免目标不明确并使其有挑战

只确立目标并没有意义。
我们应当了解要设定更高质量的目标需要哪些要素。

SMART模型就是一种可以用于设定目标的模型。SMART是具体的（Specific）、可衡量的（Measurable）、可实现的（Achievable）、与经营目标相关的（Related）以及有时限的（Time-bound）这5个英文单词的首字母缩写。通过这些要素对照已设定的目标，即可设定出具体的、面向实际的、人人都知道应当做什么的、更合理的目标。

设定更具体目标的SMART模型

提高销售业绩。

成为客户喜爱的销售员。

拼命去销售。

将利润做到200倍。

总有一天会实现目标。

设定目标时具体性、计划性和现实性很重要

真是让人失望的销售部。

目标模糊不清，靠不住。

目标的内容是否具体，首先应当验证目标的表述文字是否任何人看了都能明白。可衡量则是确认能够定量计算目标的进展和完成度。可实现指的是目标是否可能实现：过高的目标会让团队成员窒息；相反，太过容易达成的目标无法充分发挥能力，打消干劲儿。略微超出能力（踮脚才能够到）的目标才恰到好处。与经营目标相关则是指确认是否与上一层的目标联系在一起，例如部门的目标是否与企业整体的目标相互联系。有时限表示设定截止日期，应当到何时完成。运用SMART模型，重要的不只要树立目标，还要创造机会去回顾结果并进行改善。

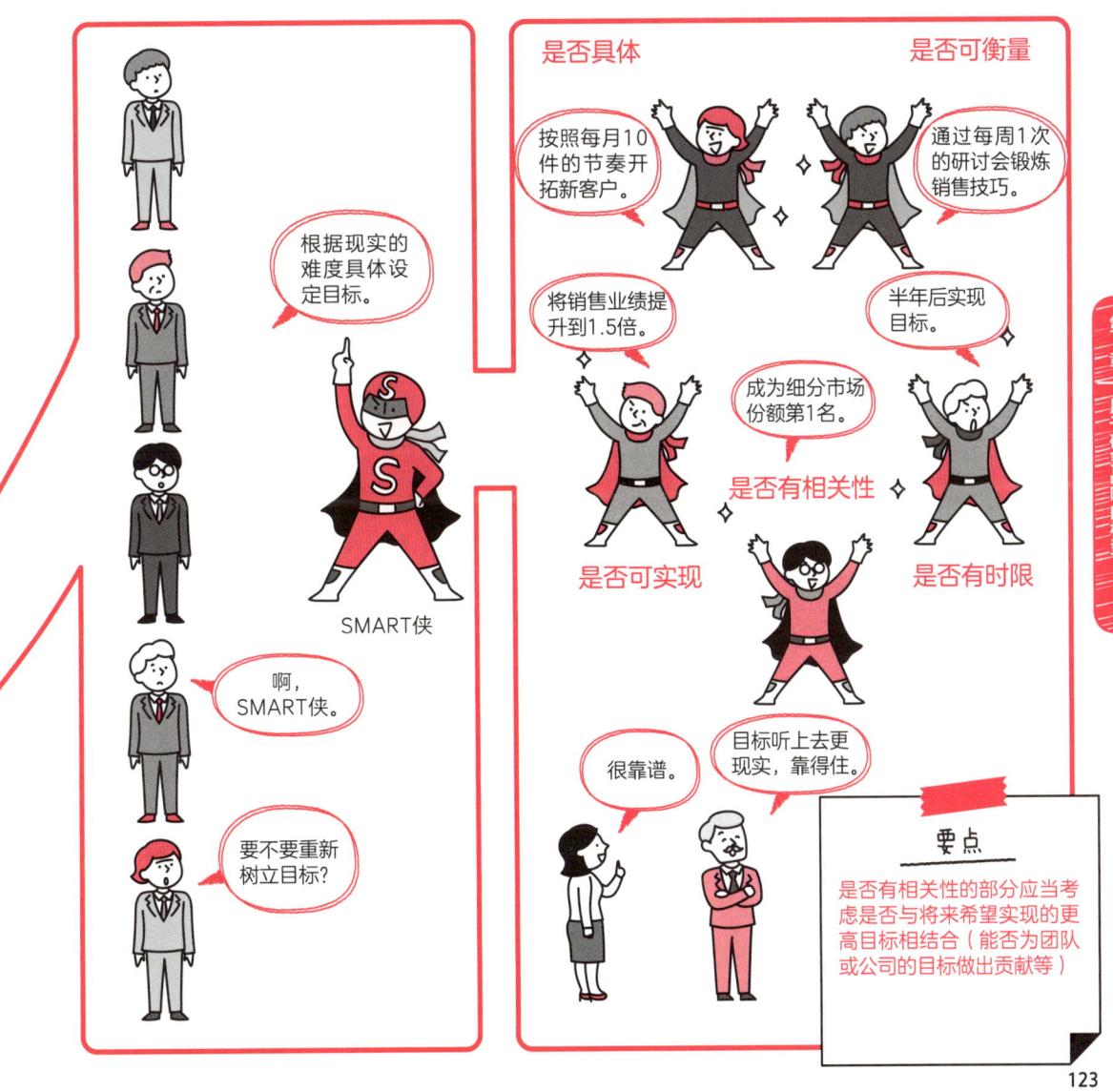

是否具体

按照每月10件的节奏开拓新客户。

是否可衡量

通过每周1次的研讨会锻炼销售技巧。

根据现实的难度具体设定目标。

将销售业绩提升到1.5倍。

半年后实现目标。

成为细分市场份额第1名。

是否有相关性

是否可实现

是否有时限

SMART侠

啊，SMART侠。

很靠谱。

目标听上去更现实，靠得住。

要不要重新树立目标？

要点

是否有相关性的部分应当考虑是否与将来希望实现的更高目标相结合（能否为团队或公司的目标做出贡献等）

第3章　用于研究战略的模型

专栏03

理解管理模型

应知应会！
商业术语集

第3章

✅ **关键词**

关键购买因素 第82页

　　关键购买因素（KBF）是指客户在购买产品时重视的产品价值或价格等要素。企业应当考虑客户的关键购买因素来进行产品的价值创造和价格设定。

✅ **关键词**

迈克尔·波特 第88页

　　迈克尔·波特（Michael Porter）是美国管理学家和哈佛商学院教授。波特因提出了"五力分析模型"（第88页）和"价值链分析模型"（第94页）而闻名。

☑ 关键词

波士顿咨询集团 第90页

波士顿咨询集团（Boston Consulting Group）是一家总部在美国的战略咨询公司，该公司致力于从事"项目组合管理（PPM）"（第104页）以及"经验曲线"的开发。

☑ 关键词

杰伊·巴尼 第92页

杰伊·巴尼（Jay B. Barney）是哈佛商学院教授，因提出"VRIO分析"（第92页）以及资源基础理论（RBV）而闻名于世。

☑ 关键词

资源基础理论 第92页

资源基础理论是指根据组织拥有的经营资源，对企业或业务的优势进行分析的思考方法。

☑ 关键词

克莱顿·克里斯滕森 第100页

克莱顿·克里斯滕森（Clayton M. Christensen）是哈佛商学院教授，作为创新研究的第一人而为人所熟知。此外，他还提出过通过技术革新打乱现有市场并夺取客户的"破坏性创新"。

✅ **关键词**

H.I.安索夫 第106页

　　H.I.安索夫是美籍俄裔管理学家及业务经营者，他致力于研究用于业务增长及进一步扩大的"安索夫成长矩阵"（第106页），并因这些成就被誉为"战略管理之父"。

✅ **关键词**

关键绩效指标 第120页

　　关键绩效指标是指企业针对已设定目标而设定的业绩评价指标。通过设定指标，不仅企业的目标更加明确了，还可以有效执行PDCA循环（第130页）。

第4章

管理组织的模型

在实际的商业情境下，即使完成了市场分析并制定了战略，如果企业自身的体制不完善，也将无法按计划推进。为了发挥企业的优势，应当整顿好组织，充分运用相关模型，引导企业成为更高效的集体。

关键词 ➡ ✓ KPT

01 回顾业务以在下一步充分利用

用于回顾已实施项目的有效模型，其益处是优点、缺点以及改进点非常明确。

KPT工作法是Keep（保持）、Problem（需要改善的问题点）和Try（应当新采取的措施）这三个单词首字母的缩写。该模型用于日常工作和活动，首先"保持"不断出成果的状态，然后将进展不顺的要素视作"需要改善的问题点"，再探讨"应当新采取的措施"，以及回顾当前业务状况。KPT的优点在于可以持续获得成功体验，通过明确进展顺利的点在哪里，以及需要改变的点在哪里，可以高效地提升生产率。

突出任务的KPT

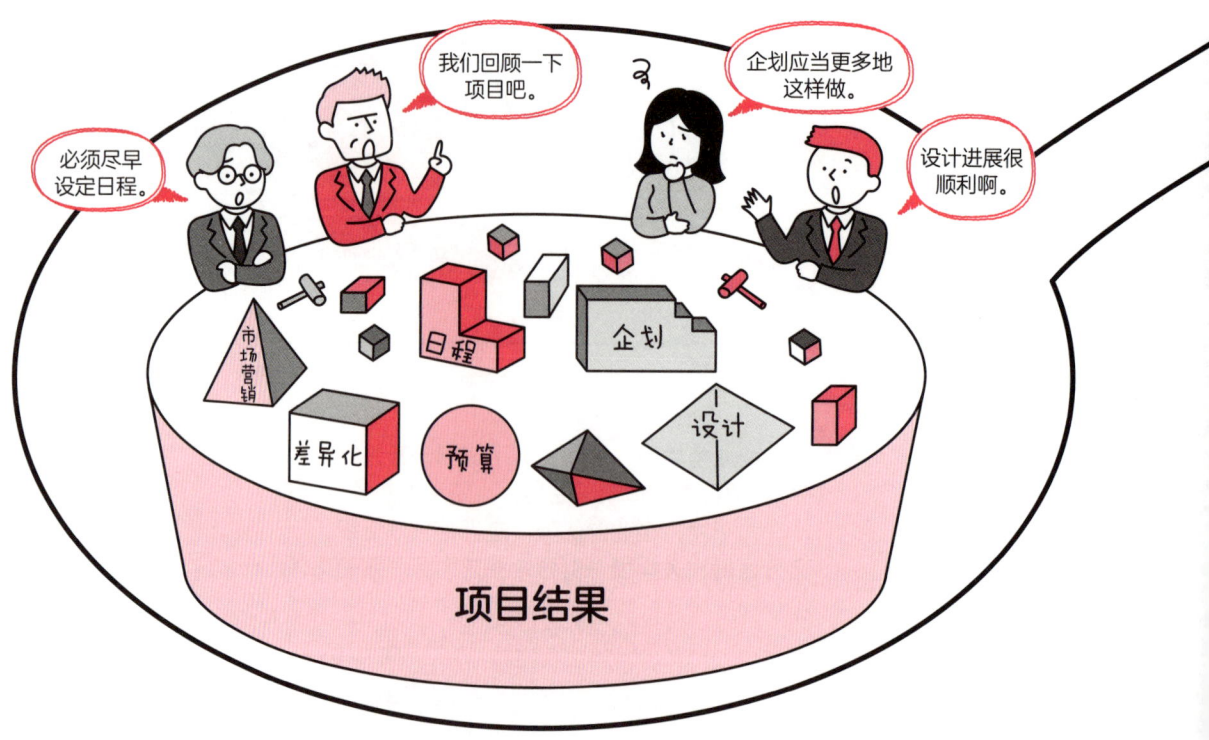

必须尽早设定日程。

我们回顾一下项目吧。

企划应当更多地这样做。

设计进展很顺利啊。

市场营销　日程　企划　差异化　预算　设计

项目结果

在实施KPT时，为了回顾工作，首先可以在白板上写出上一次设定的措施的内容以及基于当前业务内容的优点和成功之处等保持。接下来写出问题，写出问题的目的并不是为了指责，因此不会追究责任。然后再基于"保持"和"问题"，考虑新的措施。措施的内容不应是含混不清的，而是应当思考具体可以采取哪些行动。

KPT模型如果只实施一次就结束了，不太可能有期待的效果。因此，重要的是每周、每月定期实施。反复实施，并且每次更新措施的内容，即可及时调整业务的内容和团队的配置，进而提高生产率。

关键词 ☑ PDCA循环

02 用于改进业务的循环

PDCA是被很多企业采用的一种模型。这一模型从"计划"到"改进"循环一周后并不结束,而是继续循环不止地进行下去,可以说是能够不断实践的方法。

  PDCA是用于改进业务的最基本方法。**PDCA**是"Plan(计划)""Do(实施)""Check(检查)"和"Action(改进)"的首字母缩写,通过持续推进这4个步骤,可以有效提高业务的质量。

  使用PDCA时,最重要的是不能运行一次就结束,而是要周而复始地进行计划、实施、检查和改进的循环。在一次循环结束时列出修正点并考虑应对措施,从而有效改进工作的推进方式。

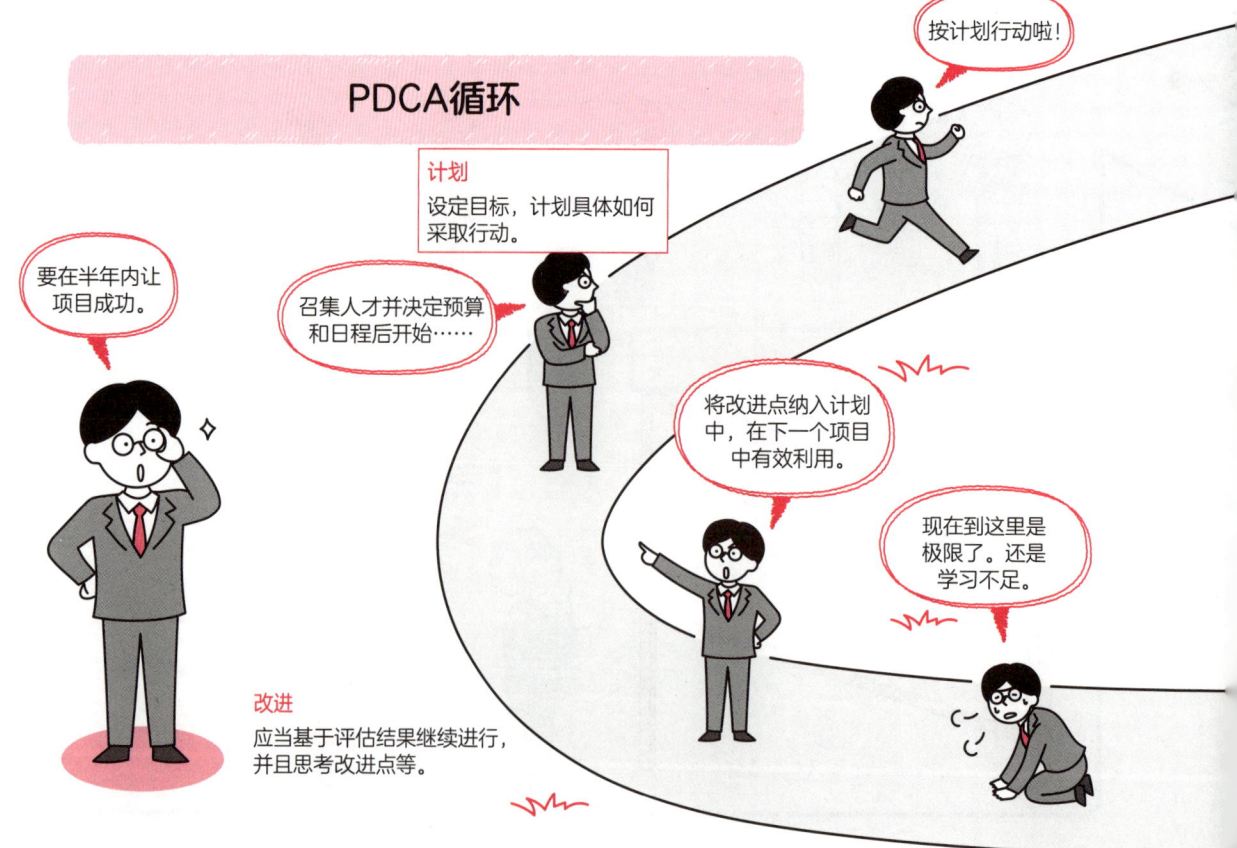

PDCA循环

计划
设定目标,计划具体如何采取行动。

要在半年内让项目成功。

召集人才并决定预算和日程后开始……

按计划行动啦!

将改进点纳入计划中,在下一个项目中有效利用。

现在到这里是极限了。还是学习不足。

改进
应当基于评估结果继续进行,并且思考改进点等。

不论对公司制订的年度计划或预算进行调整，对员工实施目标管理，还是将销售业绩反映到下一次计划中，亦不论是针对什么职务、组织阶层或者时间跨度，都可以应用PDCA模型，且效果显著，因此这一模型被称作"最强管理模型"。

在PDCA中占最大权重的是实施后的"Check（检查）"和"Action（改进）"。即在未能按计划推进的情况下，采取适当的应对措施，并根据改进后的流程进入新的循环。

在新计划阶段，设定具体的量化目标并将其列入行动计划中，然后评估其完成度、对计划进行修正，可以得到更好的结果。

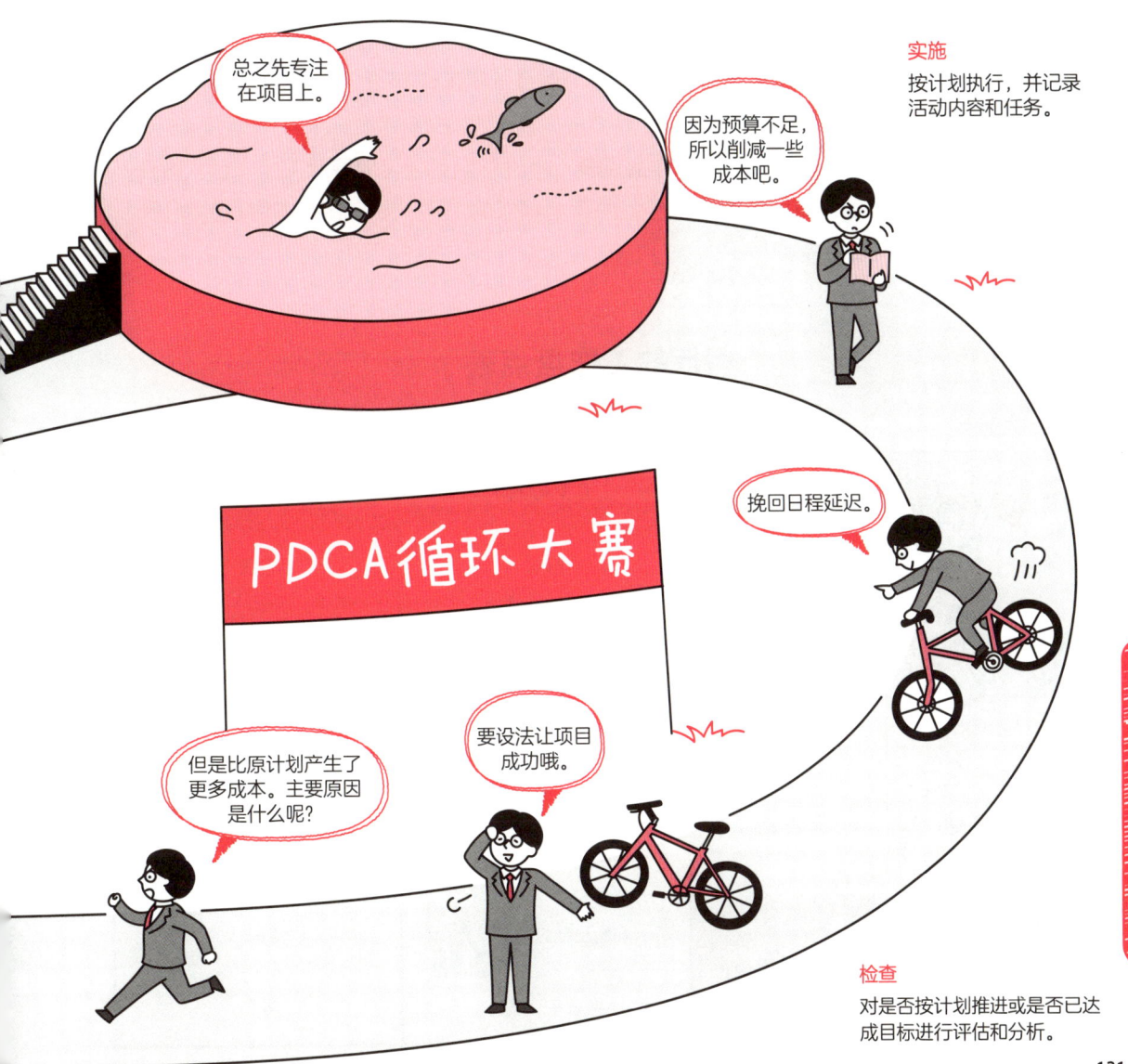

实施
按计划执行，并记录活动内容和任务。

总之先专注在项目上。

因为预算不足，所以削减一些成本吧。

PDCA循环大赛

挽回日程延迟。

但是比原计划产生了更多成本。主要原因是什么呢？

要设法让项目成功哦。

检查
对是否按计划推进或是否已达成目标进行评估和分析。

第4章 管理组织的模型

关键词 ➡ ☑ **工作盘点表**

03 分类整理工作

当工作涉及多人或者步骤繁杂时，就可能出现遗漏。
为了避免这种情况，非常有必要对工作进行拆分，使其被所有人清楚地了解。

"盘点"原本是指在决算日对剩余的商品或产品的数量进行清点，计算出合计金额。而"工作盘点"则是指弄清工作的流程是怎样的以及哪一项工作花费了多少时间，并将其可视化。

将经过"盘点"的工作记录在"**工作盘点表**"上，可以可视化地展示工作内容，做到不漏、不重。共享整体工作有助于改进工作，如整合相似的工作，或者在有不擅长的领域时，找到对此擅长的人来负责等。

餐厅的工作盘点表

大分类	中分类	小分类	频度
后台工作	食材的采购及收货	切菜和切肉	每天
		煮饭	每天
	店内清扫	店内及厨房周围的打扫	每天
		补充桌上的调味料等	每天
前台工作	顾客接待	大堂负责人	每天
		后厨负责人	每天
	前台、预约及收台	前台及预约	每天
		擦桌子、擦地	每天

今天也要努力哦。

重复同样的工作……

制作"工作盘点表"是最简单的工作盘点方法。

首先将各部门成员每天进行的工作按照1天的时间顺序写到便签上。然后通过将时间尺度变成1周、1个月或者1年，对工作全局进行可视化。

接下来，将便签上写下的工作内容分成不同的类型或等级。在分类时，列出1个"大主题"，然后从"大主题"分出若干"中主题"，再从"中主题"分出若干"小主题"，形成"逻辑树"一样的分支，列明内容的层次，对工作进行分类。使用工作盘点表可以轻松完成工作的整理。

关键词 → ☑ 业务流程图

04 画出并梳理业务流程

对于跨部门的项目等，共享进展状况往往费时费力。
而有了业务流程图，就可以及时清楚地确认"哪里正在进行什么"。

"业务流程"是指包含业务和业务的关联、每项业务的顺序等在内的"业务的流向"。**业务流程图**则是指通过线条和图形来表示看不见的业务流程，使其在视觉上简单易懂。

对于公司内的各项业务，如果通过"业务流程图"将"谁""在何时""以何为开端""基于什么样的判断""正在处理怎样的作业"进行可视化，则可以对相关人员之间的关系形成统一的认识，体系化地管理整体业务。

了解谁正在处理什么业务

- 2个星期前就交办了，送达的前一天才说？！
- 信封的尺寸错了哦。
- 我是按请柬的尺寸委托的……
- 不知道是谁订购的。
- 如果知道业务流程图就可以防止错误。

在业务流程图中，务必使用各种不同的线条或图形，以便可以更加直观地判断业务流程。在作图时，可以用方框来表示"行动"，然后按顺序用箭头连接。首先，将纵列（也称作Swim Lane，即泳道）作为业务部门（客户部、销售部、管理部等），设定部门和公司整体的业务流程。

然后按流程梳理各项行动。此时，必须明确流程的开始和结束、各项行动的内容、需要判断的位置以及分支的标准。

此外，当信息量较大、1张业务流程图无法全部汇总时，可以采用"表示总体框架的流程图"以及"表示部分的流程图"，分几个阶段来制作。

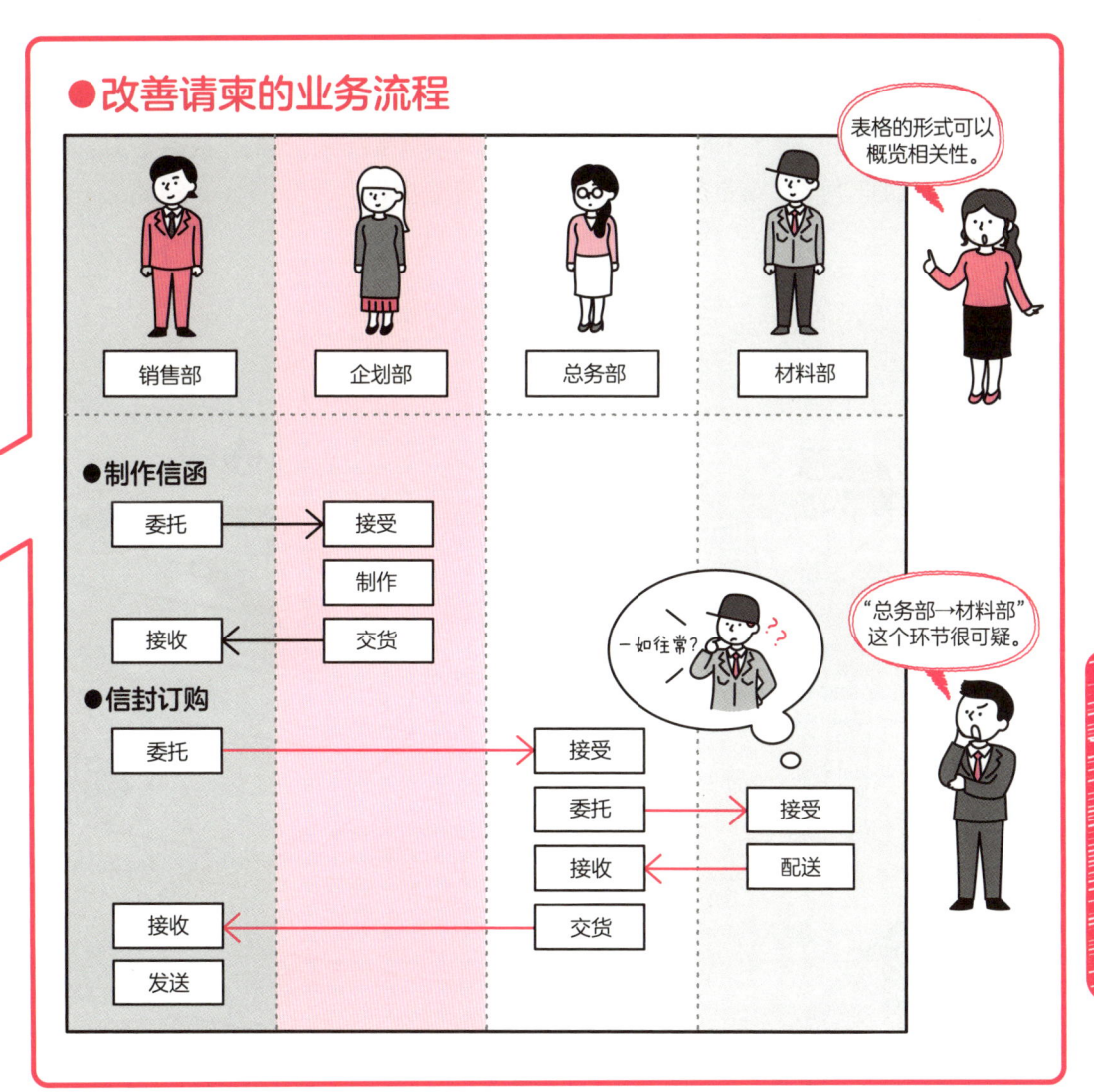

● 改善请柬的业务流程

销售部	企划部	总务部	材料部

● 制作信函
- 委托 → 接受
- 制作
- 接收 ← 交货

● 信封订购
- 委托 → 接受
- 委托 → 接受
- 接收 ← 配送
- 接收 ← 交货
- 发送

表格的形式可以概览相关性。

—如往常？

"总务部→材料部"这个环节很可疑。

第4章 管理组织的模型

关键词 ➡ ✓ PERT图、计划评审技术、关键路径

05 管理业务进展的PERT图

业务最重要的是要按计划进行。如果无法实现，也就没有意义。
如果使用列入最长和最短日程来制订计划的PERT图，则可以避免出现计划外的情况。

"PERT图"（Program Evaluation and Review Technique）也称作"**计划评审技术**"，是一种用图表来表示业务流程及所需时间，并制订业务计划的方法。

在多项业务并行的项目中，如果单个工序延迟，则这一延迟将在之后产生影响，造成整体业务的延迟。要想在确定的时间内完成目标，就需要掌握各项业务的"最迟完成时间（再迟也必须完成的时间）"，确定在哪里设定评审点来管理进展。

掌握最短和最长的日程

PERT图用"○"表示各工序，用"→"表示作业，按照①→②→③的顺序用"→"将各工序连接起来构成图表。在"→"的上方或下方，标注上这项业务所花的时间。接下来，计算可以开始处理各项业务的时机，在各工序的一侧填写"最早开始时间（最早可以开始此项业务的时间）"和最迟完成时间。最早开始时间从左开始做加法，而最迟完成时间则从右开始做减法。

当最早开始时间和最迟完成时间为同一个事件时，连接该事件的"→"称作"**关键路径**"。这个事件既是时间上没有余裕的流程，也是如果延迟就会导致交货延期的重要业务。绘制PERT图，可以对重要的工序进行可视化。

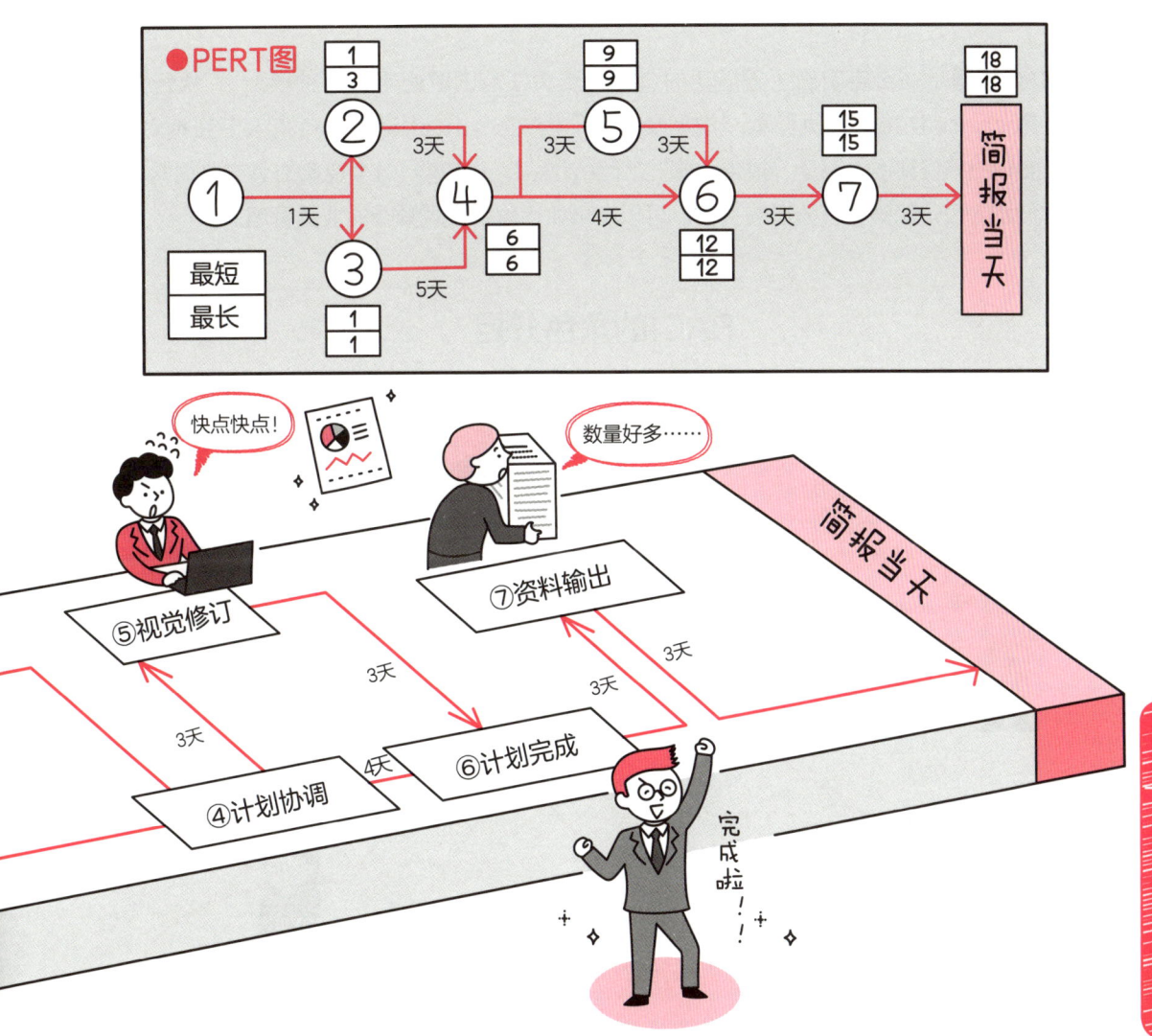

● PERT图

关键词 → ☑ RACI模型

06 明确并共享责任与角色

越是涉及更多人的事业，越有必要弄清责任之所在。
使用这一模型，可以让各自的角色和责任更加明晰。

RACI模型是在希望明确业务活动的负责人及责任范围时使用的一种模型。"执行负责人"（Responsible，谁执行）、"说明负责人"（Accountable，谁负责）、"咨询对象"（Consulted，咨询谁）以及"报告对象"（Informed，告知谁）4个要素的英文单词的首字母缩写为RACI。明确各自分担的责任，可以在事业运营中实现顺畅的业务管理。

RACI的角色分担

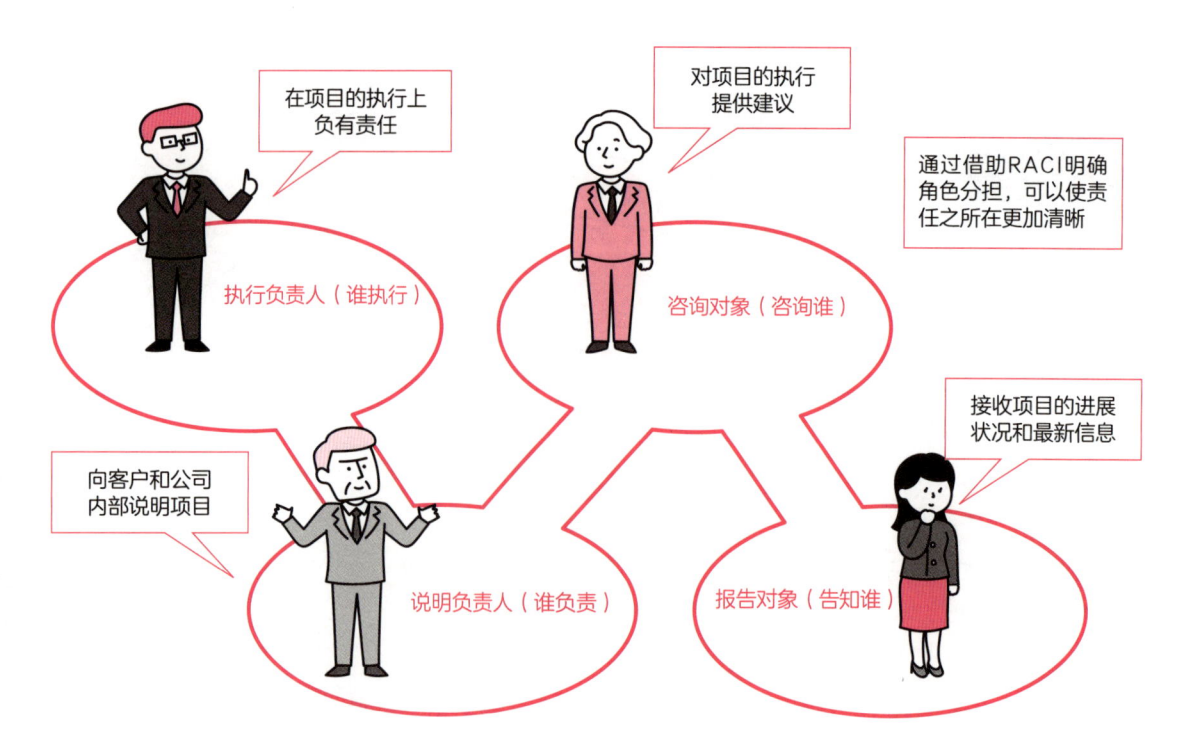

在项目的执行上负有责任

执行负责人（谁执行）

对项目的执行提供建议

咨询对象（咨询谁）

通过借助RACI明确角色分担，可以使责任之所在更加清晰

向客户和公司内部说明项目

说明负责人（谁负责）

接收项目的进展状况和最新信息

报告对象（告知谁）

执行负责人（R）对项目的执行负有责任。说明负责人（A）则是在被客户或公司内部要求就项目进行说明时负责回答。咨询对象（C）负责提供支持项目执行的建议等。报告对象（I）则负责接收项目的进展状况等最新信息。

使用RACI时，首先应当明确各项业务的内容和各负责人，并填写在图表中。R和A由同一人担任时，可记为"R/A"。设定RACI之后，确认各自的角色分担是否合理，再将完成后的图表设置在项目成员随时可见的位置并进行共享。

通过RACI实现顺畅的业务管理

执行负责人：负责任非同小可。

说明负责人：掌握项目整体。

这里是负责人的房间吧！

项目的说明负责人是哪一位？

在那边的房间。

希望获得一些项目的建议！

现在，项目是这样的状况……

报告对象

那我就来给一些建议吧！

如果想让项目迅速成功应该怎么办？

各自的角色清楚，业务更顺畅了啊！

咨询对象

要点

在RACI模型中可能一人分饰两角，例如同时担当咨询对象和报告对象时即为"C/I"。

第4章 管理组织的模型

关键词 ➡ ☑ 3M法则

07 发现低效业务的3M法则

非常有用的一种模型,可以让运转中发生的不均衡或者超负荷及浪费现象显现出来,从而让业务顺利推进。

"3M法则"的3M指的是"Muda(浪费)""Mura(不均衡)""Muri(超负荷)"这3个日文词语罗马音的第一个字母的集合。这一法则旨在发现用于产生成果的时间、财力等"资源"的问题点,从而对低效业务进行改进。

超负荷是指相对于所需成果(目的),处于资源不足且超负荷的状态。浪费是指相对于成果,处于资源过剩且多余的状态。不均衡则是指业务的推进方式比较零乱,超负荷和浪费混合存在的一种状态。

浪费、不均衡和超负荷将造成问题

超负荷

这些文件也整理一下啊！

已经做不完了！

浪费

没事可做很忐忑啊！

呼 呼

浪费
超负荷的另一面,是对贵重资源的浪费,如时间的浪费、信息的浪费以及差旅的浪费等

超负荷
相对于必要的程度,承担了过度的负担,迟早会超过极限并出现漏洞的状态

上午忙得不行,下午闲得不行。

呼 呼

不均衡

几小时后

上午之内必须做完,已经手忙脚乱了！

这是和时间赛跑哦！

不均衡
超负荷和浪费交互出现的状态,时间以及工作质量上出现不均衡的状态

在使用3M法则时，首先写出现有的业务，然后从中选择效率偏低的业务。在选择时，写出该业务项并确认它属于"3M"的哪一种类型，同时列出具体的问题点，使其可视化。如果存在无论如何也"无法完成（超负荷）"的计划或交期、目标、价格（降价）、服务的提供等，可能造成公司内部的不满或者意外情况。

如果存在"浪费"的时间、库存、工序、管理以及调整等，可能对成本造成压力。而如果在质量、交期、管理、忙碌程度、生产等方面出现"不均衡"，则可能使公司信誉下降。

最后，应当针对列出的有问题业务，确定改进的先后顺序，从优先级最高的业务开始，考虑改进的措施。

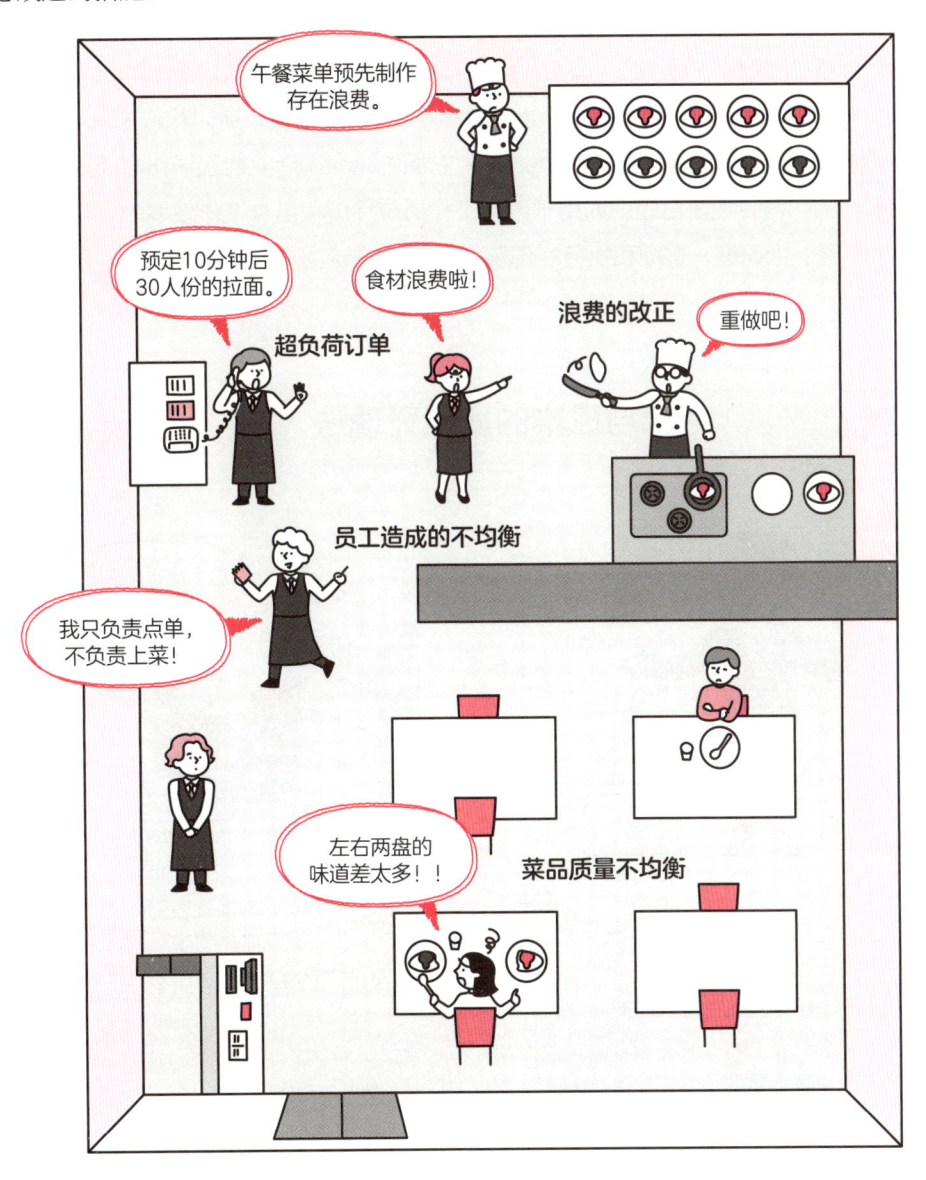

关键词 ☑ 5S、全球标准

08 创造让组织协同一致的工作环境

表示员工应当一致遵守的准则的管理工具，对于营造舒适工作的氛围非常有效。

5S是指"整理""整顿""清扫""清洁"和"素养"。因这几个词在日语中的罗马音（分别是Seri、Seiton、Seisou、Seiketsu、Shitsuke）均以"S"开头，所以称作"5S"。这是为数不多源自日本并成为**全球标准**的管理术语之一。它原本是在制造业的现场作为质量改进活动的一部分而悬挂的标语，现在已经成为用于改善工作岗位环境和自身工作效率的要素，用作职场环境改善的口号。而研究、贯彻和执行实现5S的方法也被认为与经营成果密不可分。

源自日本的质量管理法

这个需要！　　这个不需要！　　这个资料在这里。

需要　　不需要

对工作或物品进行区分
整理

对工作或物品进行分类
整顿

142

在5S中，特别受重视的是"整理""整顿"和"清扫"这3S。

"整理"是指对需要和不需要的物品进行分类，只丢弃不需要的物品。"整顿"是指确定存放的场所和方式，并且进行标注，从而确保可以随时取出所需要的物品。"清扫"则是指将周围或工作场所打扫干净，保持无脏污的状态，以及检查每一个细节。

实现这3S，既可以让工作场所保持"清洁"的状态，同时严格按既定步骤执行的习惯也会变成"素养"，提升员工的职业道德。所以说，全公司贯彻"整理""整顿"和"清扫"这3S，有助于5S的最终实现。

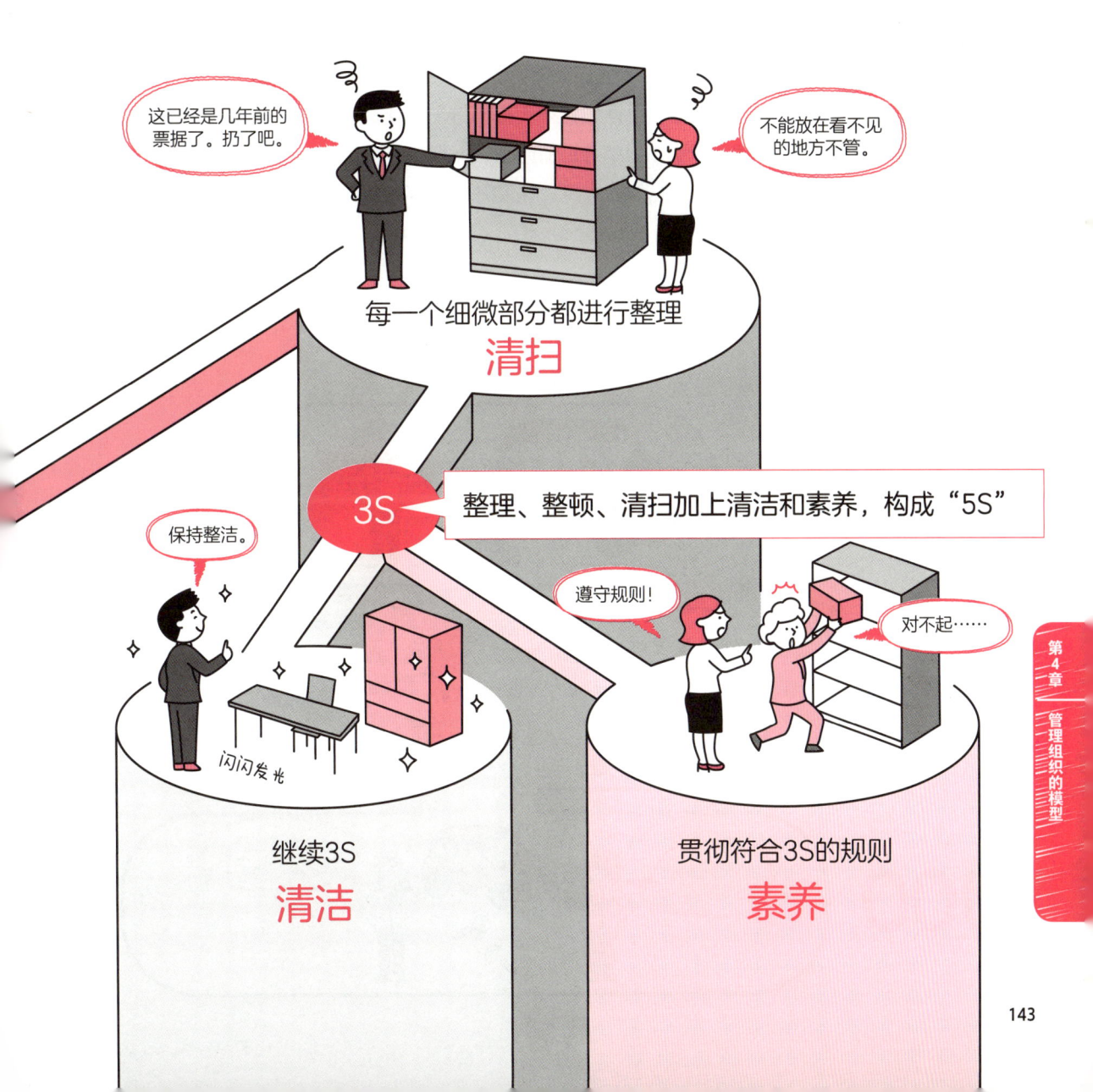

每一个细微部分都进行整理
清扫

整理、整顿、清扫加上清洁和素养，构成"5S"

继续3S
清洁

贯彻符合3S的规则
素养

关键词 → ☑ 海因里希法则、重大事故、赫伯特·威廉·海因里希

09 分析潜在隐患并防患于未然

通过找出最终导致重大事故前的征兆并排除其原因，从而防患于未然的方法。

"**海因里希法则**"是与工伤事故的发生相关的经验法则，即每一起**重大事故**（Incident）背后，存在29起轻微事故以及300项未遂先兆。因提出这一法则的美国著名安全工程师**赫伯特·威廉·海因里希**（Herbert William Heinrich）而取名"海因里希法则"。

要想避免重大事故，不能只关注事故本身，探究并减少其背后隐藏的轻微故障，对于防止事故发生同样重要。

大事故的背后是小危险

1
刚买的车轮胎突然掉了。

29
我这里也有客户的投诉。
实在是抱歉。
车子行驶不畅。

300
是不是感觉少零件？
已经大量生产，应该没问题吧。

"海因里希法则"也被俗称为"未遂事故法则"。"未遂事故"是指结果虽未造成事故，但也有可能造成事故，或即将造成重大事故的情况。"未遂事故法则"是指任何情况都可能造成重大事故。

特别容易引发故障或事故的情况被称作3H。所谓3H，即"初次（操作）（Hajimete）"、"（顺序等的）变更（Henkou）"以及"相隔很久（Hisashiburi）"这三个日语单词罗马音的首字母。3H对于预防事故而言不可或缺。采用什么方法来减少隐性的"未遂事故"，是预防事故的重点所在。

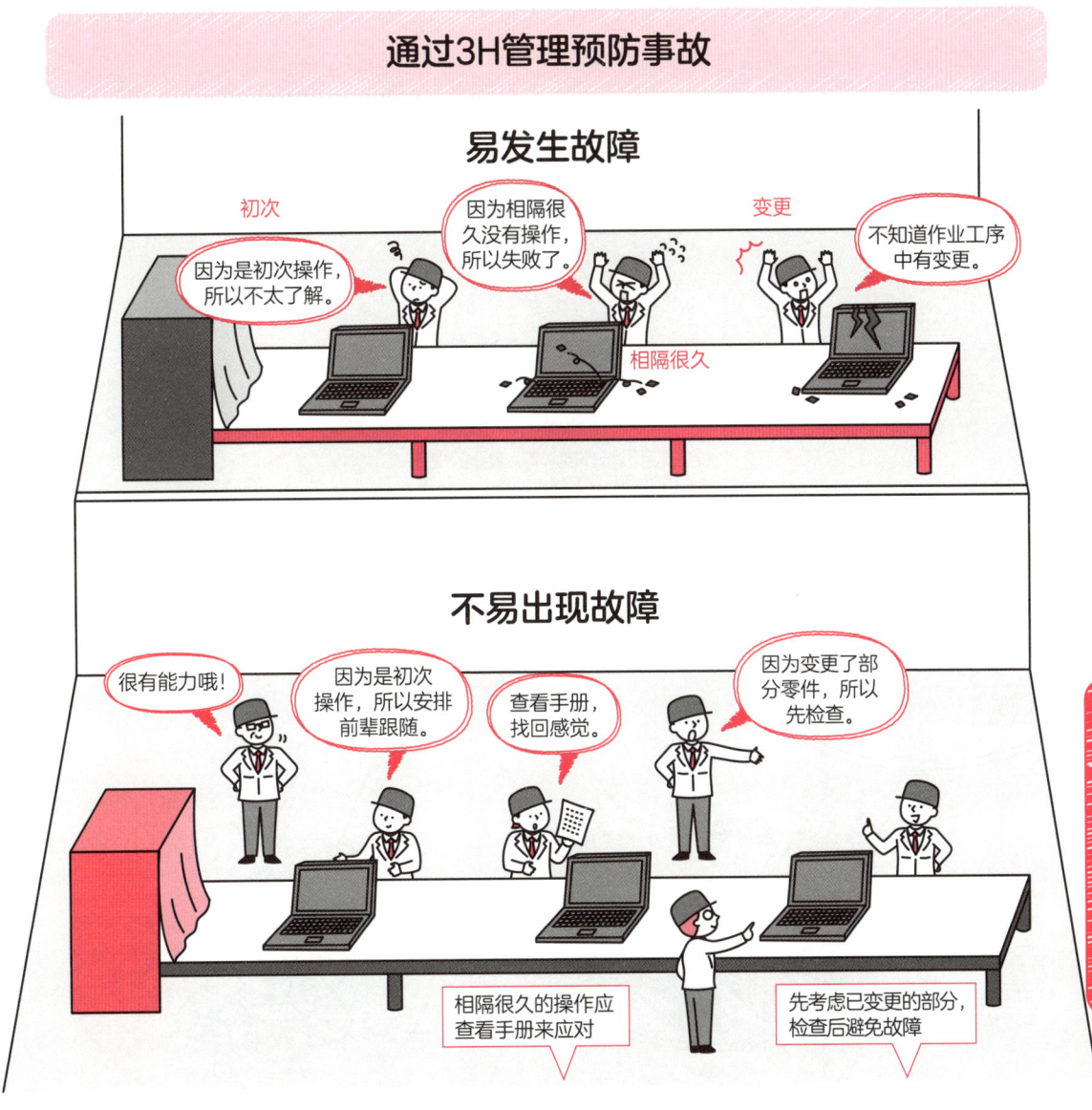

通过3H管理预防事故

易发生故障

初次
因为是初次操作，所以不太了解。

因为相隔很久没有操作，所以失败了。

相隔很久

变更
不知道作业工序中有变更。

不易出现故障

很有能力哦！

因为是初次操作，所以安排前辈跟随。

查看手册，找回感觉。

因为变更了部分零件，所以先检查。

相隔很久的操作应查看手册来应对

先考虑已变更的部分，检查后避免故障

关键词 ➡ ✅ ECRS法则

10 用于提高工作效率的4个原则

思考当前工作的改进措施时通常使用的模型。
通过调整，可以找到让工作更快、更高效的方法。

"ECRS法则"是指思考改进措施以实现高效工作的模型。而工作的高效化存在4个原则和顺序，这4个原则分别是：取消（Eliminate）、合并（Combine）、重排（Rearrange）和简化（Simplify）。取这4个英文单词的首字母，称作"ECRS法则"，并以此为切入口，思考改进措施。其中，E的改进率最高，然后依次是C、R、S。

什么是ECRS法则？

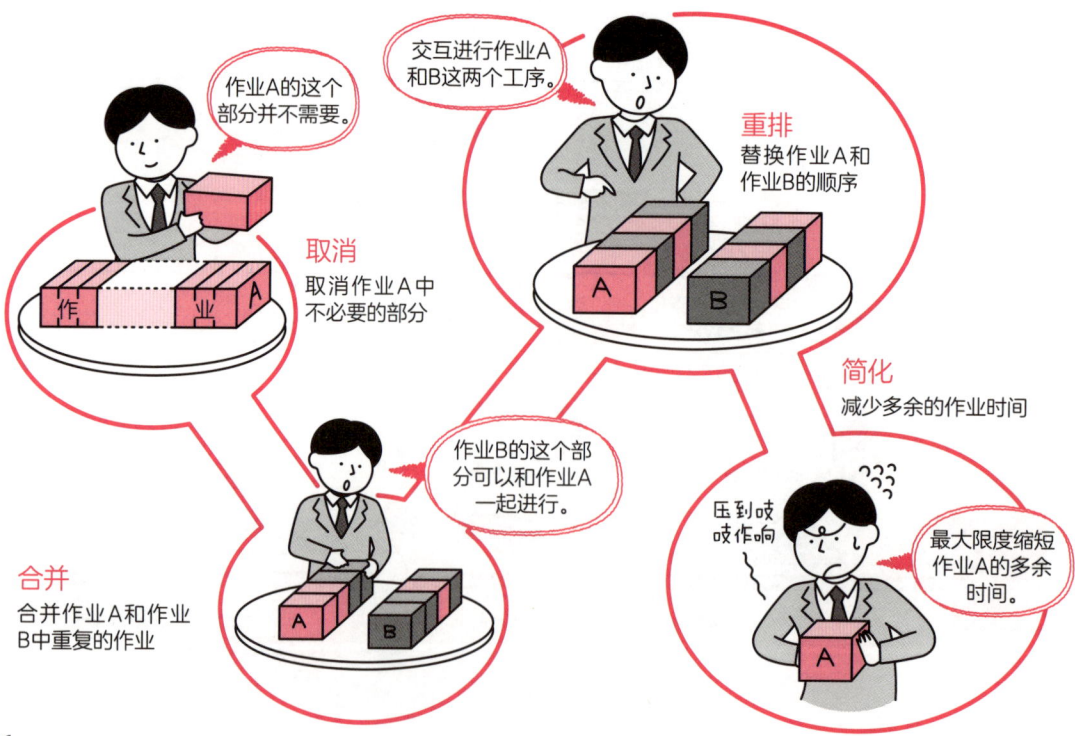

取消
取消作业A中不必要的部分

作业A的这个部分并不需要。

重排
替换作业A和作业B的顺序

交互进行作业A和B这两个工序。

合并
合并作业A和作业B中重复的作业

作业B的这个部分可以和作业A一起进行。

简化
减少多余的作业时间

最大限度缩短作业A的多余时间。

146

按照E、C、R、S的顺序进行验证，可以实现工作效率的提升。首先应当作的是对工作和业务进行回顾，发现浪费或多余的内容，即予以取消（E）。如果这一点很难做到，则将重复的工作统一进行，或者将分散的信息汇总成1个，尝试合并（C）。

接下来，探讨是否可以对工作顺序、时间、地点或负责人等要素进行重排（R），这也可能达到更好的结果。最后，思考有没有对任何人来说都更加简单且能得到相同结果的方法，对工作进行简化（S），以减少多余的工作。"ECRS法则"就是这样一种高效的思考解决方案的法则。

一般企业的ECRS实例

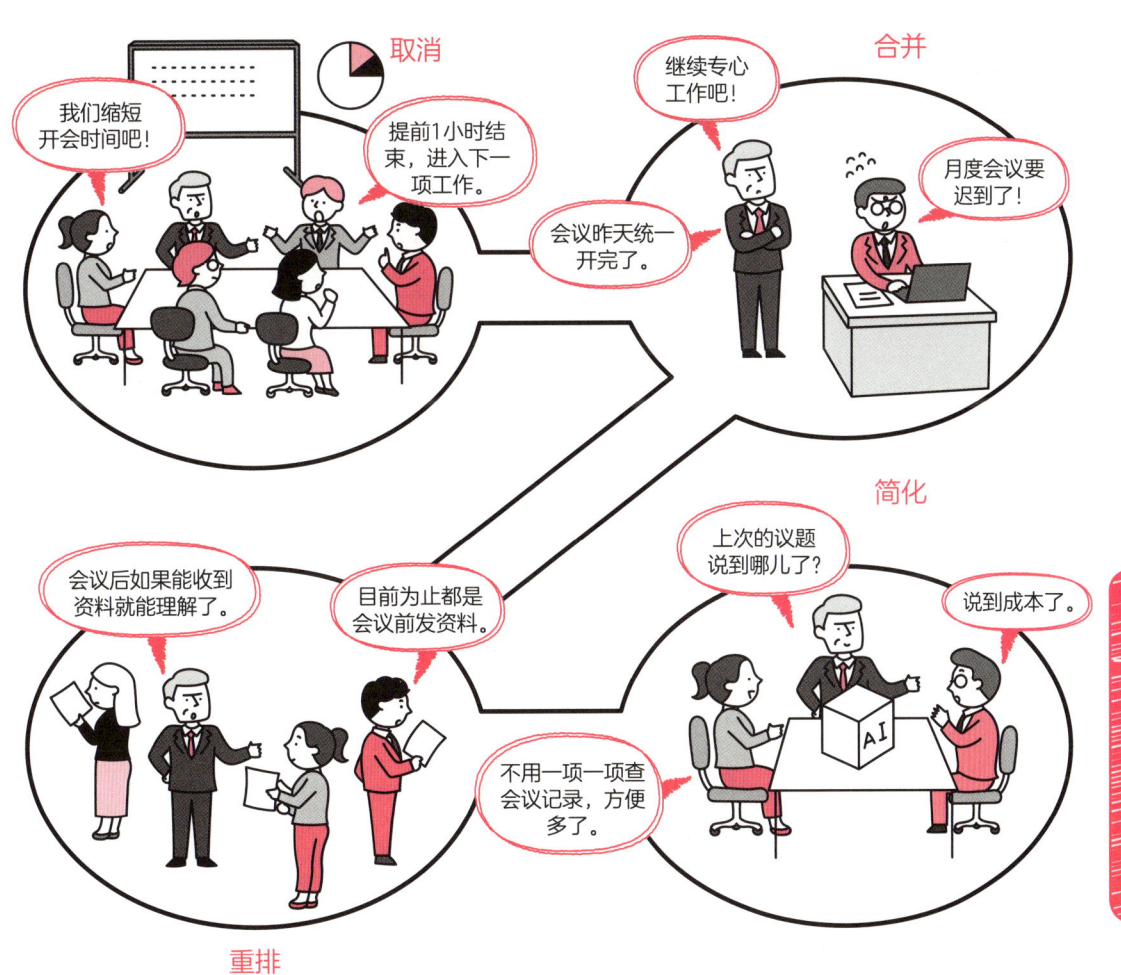

取消
- 我们缩短开会时间吧！
- 提前1小时结束，进入下一项工作。

合并
- 继续专心工作吧！
- 会议昨天统一开完了。
- 月度会议要迟到了！

重排
- 会议后如果能收到资料就能理解了。
- 目前为止都是会议前发资料。

简化
- 上次的议题说到哪儿了？
- 说到成本了。
- 不用一项一项查会议记录，方便多了。

关键词 → ☑ 工作改善提案表

11 搜集并充分利用现场发现的问题

对于现场发生的问题，当事人最了解其解决方法。如果能听取他们的意见并让全公司采取行动，即可让组织运行更加顺畅。

"**工作改善提案表**"是用于逐项听取员工在现场感受到的实际问题点、不满或者不谐调等情况的工具。工作上的问题点仅靠负责人召开会议并不能解决。要解决问题，就必须听取现场的声音，对任务进行整理，再提出解决方案。收到提案表的公司方在对内容进行彻底调查并采用提案时，将根据相关内容采取行动。如果想充分利用这一表格，则需要在整个组织范围内采取措施，如创建有助于制定改善提案表的内部制度和流程，或者营造更好的氛围。

只开会无法了解问题点

工作改善提案表的创建步骤：

① 填写现状。写下感觉有问题的工作内容。重点是针对具体存在什么问题，应当解决的课题等，要求逻辑清楚且简单易懂地写出其原因。
② 填写改善内容。具体写出如何进行改善的提案。
③ 填写期待效果。写出希望通过改善得到的效果。
④ 填写设想的成本。针对实施所提案内容需要花费多少改善成本，填写参照标准。另外，如果同时填写预计实际将花费多少时间，也会让公司更容易做出决策。

通过工作改善提案表听取真实的声音

课题：关于无法达到总经理的期望

① **现状**
人手不足，导致没有能够达到期望的人。

② **改善内容**
增加人员

③ **期待效果**
达到总经理期望的可能性增大

④ **必要成本**
增加人员产生的人事费用

- 为了改善工作，希望听取现场的意见。
- 明显人手不足。
- 必要成本是人事费用。
- 总经理，可以增加人员吗？
- 改善措施即增加人员。
- 行吧。

关键词 ➡ ☑ 使命、愿景、价值观

12 共享公司的存在意义和目的

如果只将工作当成单纯的作业，员工的驱动力将会下降，工作的质量也会相应降低。共享目标，瞄准共同的未来，对企业而言尤为重要。

"**使命、愿景、价值观**"是指用于定义某一企业或组织在社会上存在的意义和作用，明确行动方针，并对此进行共享的模型。这一模型有助于让与企业业务相关的所有员工明确知道在公司工作是为了什么，进而提高员工的向心力。为此，很多企业都提出了"企业理念""经营原则""司训（信条）"以及"行动方针"等。与此同时，还有一些企业会向外部简单易懂地表明自己的理念是什么以及存在的目的是什么。

思考"为何存在"以及"如何行动"

存在意义　提供最顶级的鸡蛋料理

我们的使命是什么？

厨师们

让大家吃到最顶级的鸡蛋料理！

我们使用1个500日元的鸡蛋哦。

厨师长

使命、愿景、价值观的英文分别是Mission、Vision、Value。"Mission"指的是"使命"和"目的"，即表示组织存在的意义。组织的领导者需要明确设定在该组织工作的全体成员在解决各种社会问题时，将会如何做出贡献。"Vision"指的是"不久的将来，使命实现后的蓝图"，表示中长期希望实现的目的。"Value"则是指"价值"和"价值标准"，即为了实现使命和愿景，展示企业重要的价值观和行动方针，定义"组织应有的姿态"。

使命、愿景、价值观是对"这家公司为何而存在"这一问题所做出的回答，务必渗透到企业每一位员工的心中。

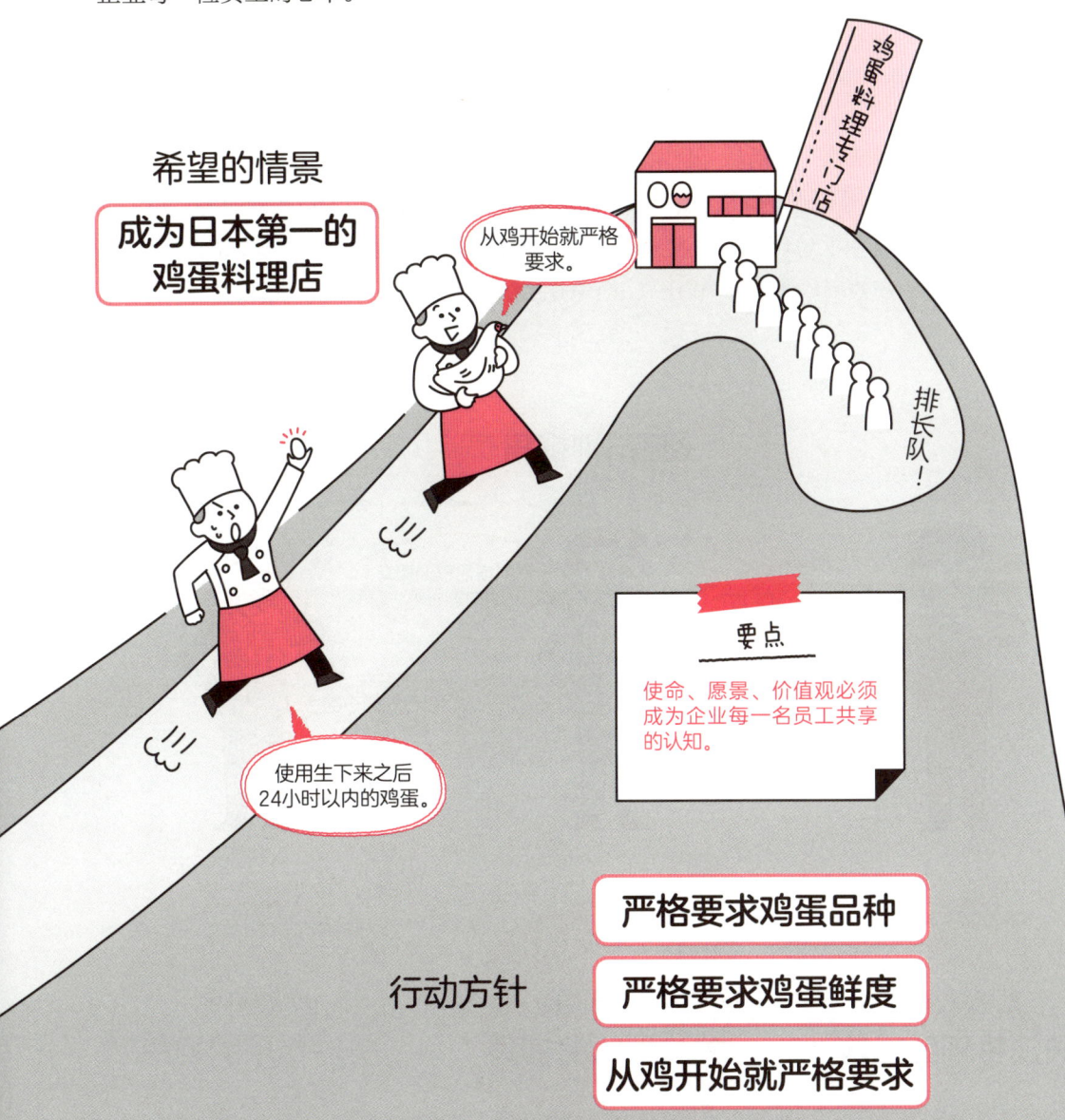

希望的情景

成为日本第一的鸡蛋料理店

从鸡开始就严格要求。

鸡蛋料理专门店

排长队！

使用生下来之后24小时以内的鸡蛋。

要点

使命、愿景、价值观必须成为企业每一名员工共享的认知。

行动方针

严格要求鸡蛋品种

严格要求鸡蛋鲜度

从鸡开始就严格要求

第4章 管理组织的模型

关键词 → ✓ Will-Can-Must法则

13 通过"想做的事""能做的事"和"该做的事"发现有意义的工作

如果同时开展各种各样的业务，可能看不清什么重要以及应该优先做什么。
为此，我们应当定期对业务进行整理。

　　"Will-Can-Must法则"是指从"想做的事（Will）""能做的事（Can）"和"该做的事（Must）"这3个视角对业务进行整理，从而找出既最有价值又能够全力以赴的业务。除了企业理念外，通过共享和汇总现场员工希望从事什么样的业务以及对什么拥有较高的驱动力，将会提高组织的生产效率。此外，"Will-Can-Must法则"还被广泛用于求职、转行或者制定人事制度等。

拥有3种视角

为了成为希望成为的自己……

说到自己已经拥有的技能……

自己被赋予的使命是……

想做的事
关注将来的视角

能做的事
关注现状的视角

该做的事
关注作用的视角

① 写出在业务或者社会中，目前自己想要肩负的"想做的事（Will）"。不止包含现有的业务，还可以包含没有做过的业务，把它们全部写出来。

② 写出"能做的事（Can）"。写出到目前为止的职业生涯中，那些擅长的事、专业技能和经验等目前能做的事，以及不久的将来能做的事。

③ 思考自己"该做的事（Must）"。思考在业务或者社会上，自己被要求的职责是什么，以及为了经营目标至少必须承担的角色是什么。

写好①~③之后，找出其中重叠的点。然后再进一步思考怎样才能增加这些重叠的点，从而找到今后努力的方向。

关注Will、Can、Must重叠的部分

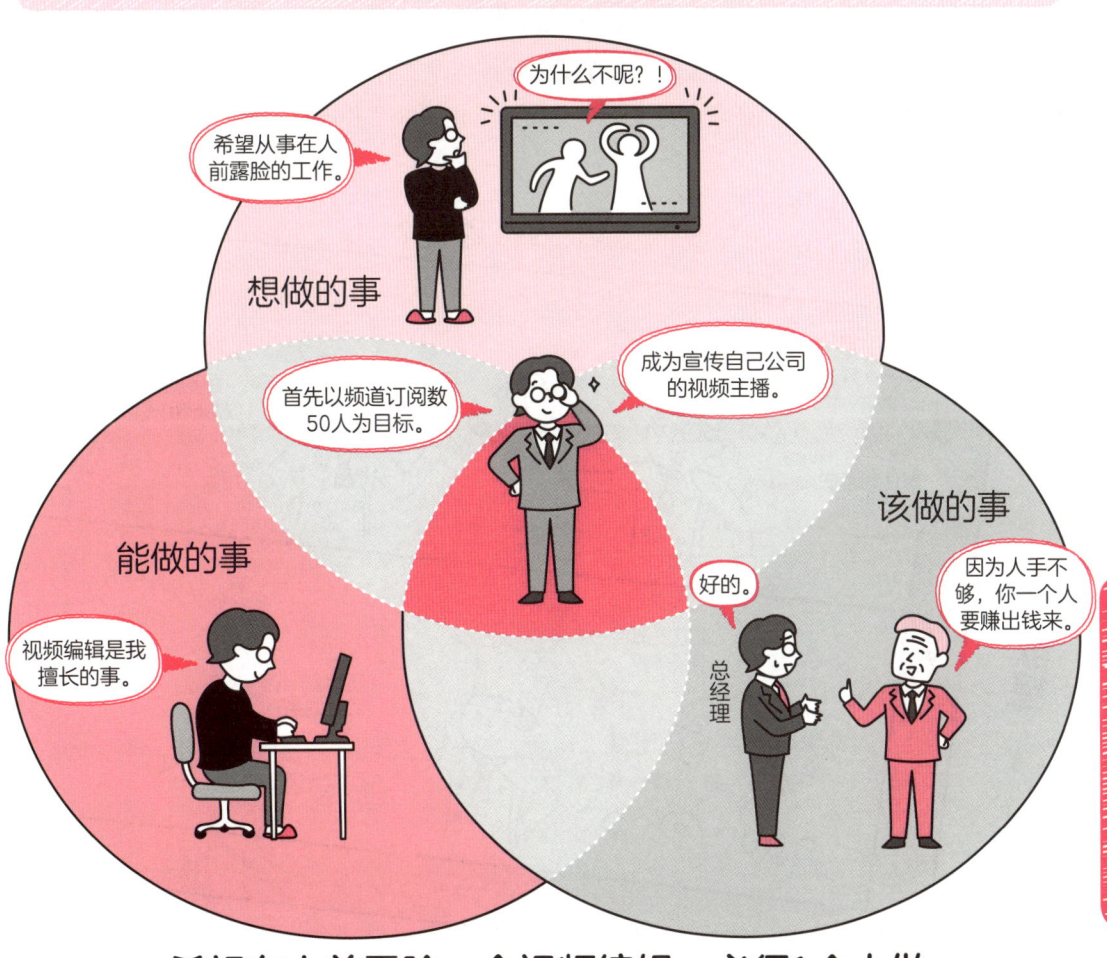

想做的事
- 希望从事在人前露脸的工作。
- 为什么不呢？！
- 首先以频道订阅数50人为目标。
- 成为宣传自己公司的视频主播。

能做的事
- 视频编辑是我擅长的事。

该做的事
- 好的。（总经理）
- 因为人手不够，你一个人要赚出钱来。

希望在人前露脸 × 会视频编辑 × 必须1个人做 = 成为视频主播

第4章 管理组织的模型

关键词 ➡ ☑ 必要性/欲望矩阵

14 从组织必要性和员工欲望的角度分析工作

在工作效率的分析中，员工个人的希望与组织的要求可能并不一致。
通过这一模型可以探究填补两者差距的方法。

"**必要性/欲望矩阵**"是指以"Need（对组织而言的必要性）"和"Want（欲望）"这两个维度构成矩阵，对工作进行回顾的模型。"必要性"是指相对于组织提出的"使命、愿景、价值观"（第150页）及其附带的战略和战术，评估存在多大贡献度或重要性的维度。而"欲望"则是评估执行工作的员工在多大程度上想做这个工作的维度。必要性/欲望矩阵分析的重点在于个人的长期目标在多大程度上与公司业务相关联，并被赋予意义。

更高的绩效在哪里？

低必要性 × 高欲望
想让鸡蛋在空中翻面。
你瞧！
是不是对味道没影响也没必要？

低必要性 × 低欲望
难道发邮件不好吗？
不想打电话订购鸡蛋！

欲望 高 ↑ ↓ 低 ← 低

Need/Want矩阵用于通过这样2个评价维度来回顾工作，并且匹配组织的需求和个人的欲望。

- 高必要性×高欲望。直接关系组织的愿景和目标，对于个人的职业生涯也会加分的区域。越能集中在这一区域的工作上，组织将变得越强。
- 低必要性×高欲望。趣味性工作的区域。尽管个人在这种情况下具有很高的积极性，但对于一家公司却不可持续，因此有必要设计提高其对整体贡献度的方法。
- 高必要性×低欲望。义务性工作的区域。如果这一比例增大，应当予以注意。
- 低必要性×低欲望。对于组织和个人双方而言，收获都小的区域。

要点

通过将工作分配到矩阵上，即可获知各项工作在心理上处于什么样的地位。此外，这样也可以创造更好的组织体制，让员工的意愿受到尊重。

关键词 ➡️ ☑ 乔哈里窗、自我披露

15 让自己意识到未知自我的乔哈里窗

谁都有未知的一面，我们自己亦如是。
通过与他人沟通发现自己和他人新的一面，这样也会让我们的人际关系变得更好。

"**乔哈里窗**"是指使用"自己知道/自己不知"和"他人知道/他人不知道"这两个维度构成的矩阵，来加深对自己和他人的了解的模型。乔哈里窗将"自己知道的自我特点"与"他人知道的自我特点"的一致和不一致，划分成可视化的"开放区""隐藏区""盲目区"和"未知区"4个"视窗"。这一操作需要对他人的**自我披露**以及来自他人的反馈，这一过程有助于增进人与人之间的相互理解。

通过乔哈里窗了解自我

- 自己知道的自己 ↔ 自己不知道的自己
- 这一部分虽然也不知道，但可以随意打开哦。
- 这里不让打开哦！
- 这里可以！
- 开放区 | 盲目区
- 隐藏区 | 未知区
- 他人知道的自己 ↕ 他人不知道的自己

156

运用乔哈里窗需要多人参与，并且每个人都要准备反馈表。首先针对自身，分别在标有"擅长""不擅长""优势""劣势"等项目的栏中填写对自己的认知。然后准备另一张表，填写自己对对方的认知。共享自评表和他评表，将自己和他人都写了的要素填入"开放区"；自己没写而他人写了的要素则填入"盲目区"。同样，分别填写"隐藏区"和"未知区"，即可明确显现自己与他人对自我看法的差距。借助自我披露和来自对方的反馈来扩大"开放区"的范围，可以加深与他人之间的相互理解，也更易发挥出自己的能力。

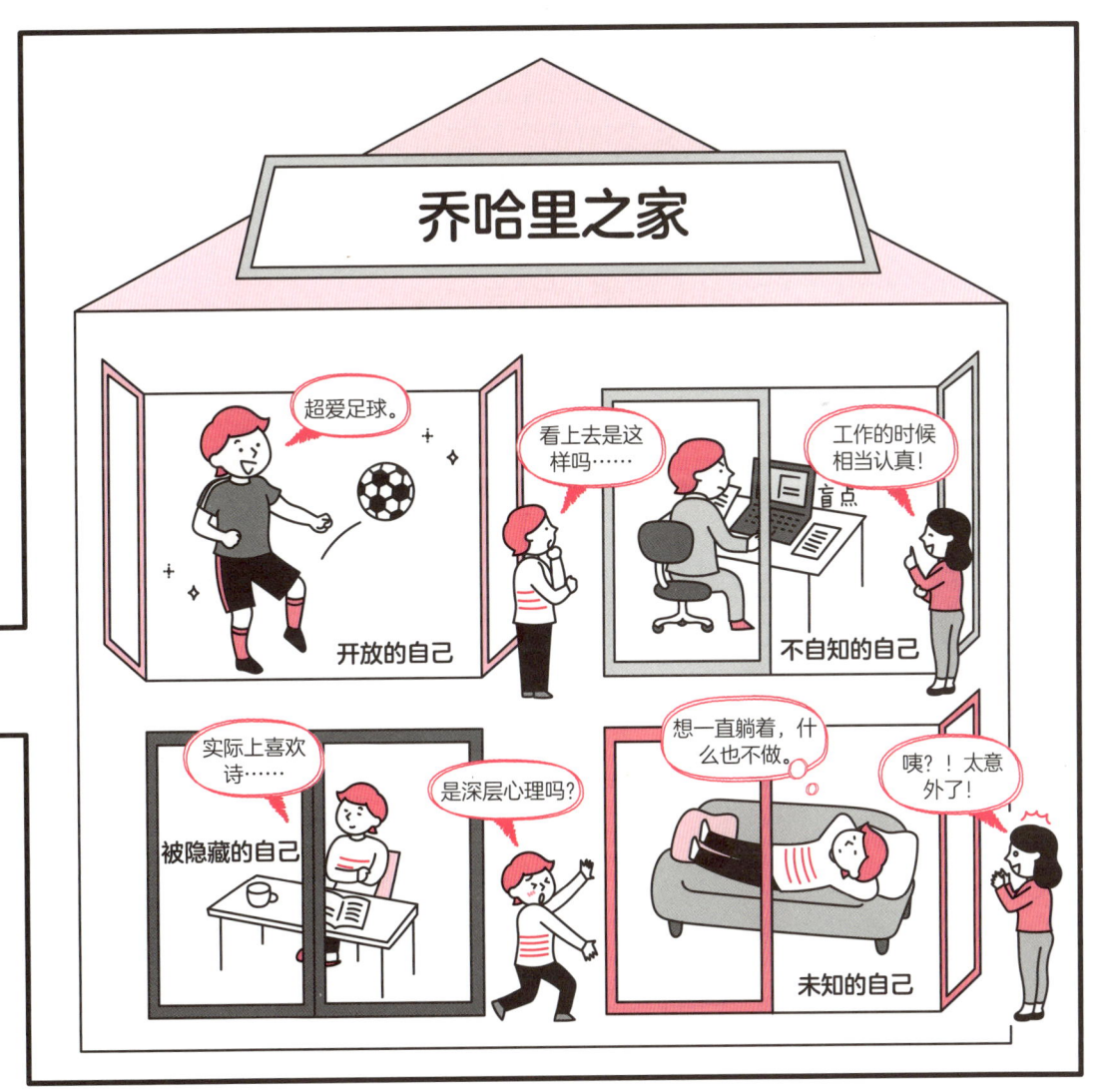

乔哈里之家

开放的自己
超爱足球。
看上去是这样吗……

不自知的自己
工作的时候相当认真！
盲点

被隐藏的自己
实际上喜欢诗……
是深层心理吗？

未知的自己
想一直躺着，什么也不做。
咦？！太意外了！

第4章 管理组织的模型

关键词 ➡ ☑ 需求层次理论、马斯洛

16 了解动机的根源，激发员工的工作热情

工作的热情，是从自己内心涌起的。
外界如果想激发人的热情并了解怎样才能做到，就必须知道动力的源泉。

"**需求层次理论**（需求五层次理论）"是指美国心理学家**马斯洛**提出的理论，即人类的需求分为5个层次，根据其重要性形成层次结构。这一理论可以说是早期的激励理论，马斯洛认为人类有5个等级的需求，当某个低级需求被满足后，人们就会采取行动，想要满足高级需求。这一理论基于"人类朝着自我实现不断成长"的假说而提出。它也被应用在管理学中，如了解部下的动机是如何形成的。

马斯洛的需求五层次理论

5个层次的分类如下：

① 生理需求。食欲、睡眠欲等为了维持生命的人类最原始需求。

② 安全需求。追求经济上的稳定、保持健康、治安良好等安全生活的需求。

③ 归属与爱的需求。希望归属于更好的组织以避免孤独感，从而获得内心安定的需求。

④ 尊重需求。希望被他人尊敬和认可，希望自己被肯定的需求。

⑤ 自我实现需求。最大限度发挥自己拥有的能力和可能性，实现存在意义的需求。

大致可以按照①～②是物质需求、③～⑤是精神需求来划分，精神需求对提高员工的动力更有效。

关键词 ➡ ☑ 期望/贡献模型

17 创造互助型组织的管理模型

在组织中工作，沟通极为重要。要想促进相互合作，必须了解彼此在想些什么。该模型对于相互了解非常有效。

"**期望/贡献模型**"是指在团队成员之间共享自身对组织的期望（Want）以及自己可以做出的贡献（Commitment），从而促进相互合作的一种模型。除了一起工作的团队成员，即使是平常没有接触的其他部门同事，也可以通过相互共享"期望"和"贡献"，发现解决问题的方法。在使用这一模型时务必要注意的是，不能只偏向于"期望"，而应同时拥有"自己如何能为他人做出贡献"的视角。

写出自己想要的和能做的

（嗯……）
对公司的期望是……
变成这样。
通过培训提升技能
开放且轻松的工作氛围
做得真棒！
怎么了？
我想要被认真评价。
（呵呵）（呵呵）

期望

如果要进行"期望/贡献"分析，首先需要个人准备一张表格，然后在期望一栏内填写对组织的期望（期待什么、想要获得什么以及希望受到的帮助）。然后在贡献一栏填写自己可以为组织所做的贡献。

在这一阶段，务必对照检查：除了期望以外，是否列齐了所有贡献；团队成员和团队能否明确自己的资源；假设存在期望和贡献匹配的内容，是否已经做好了执行的准备等。然后，所有人共享每个人的期望和贡献，在查看贡献的同时，思考如何满足期望。

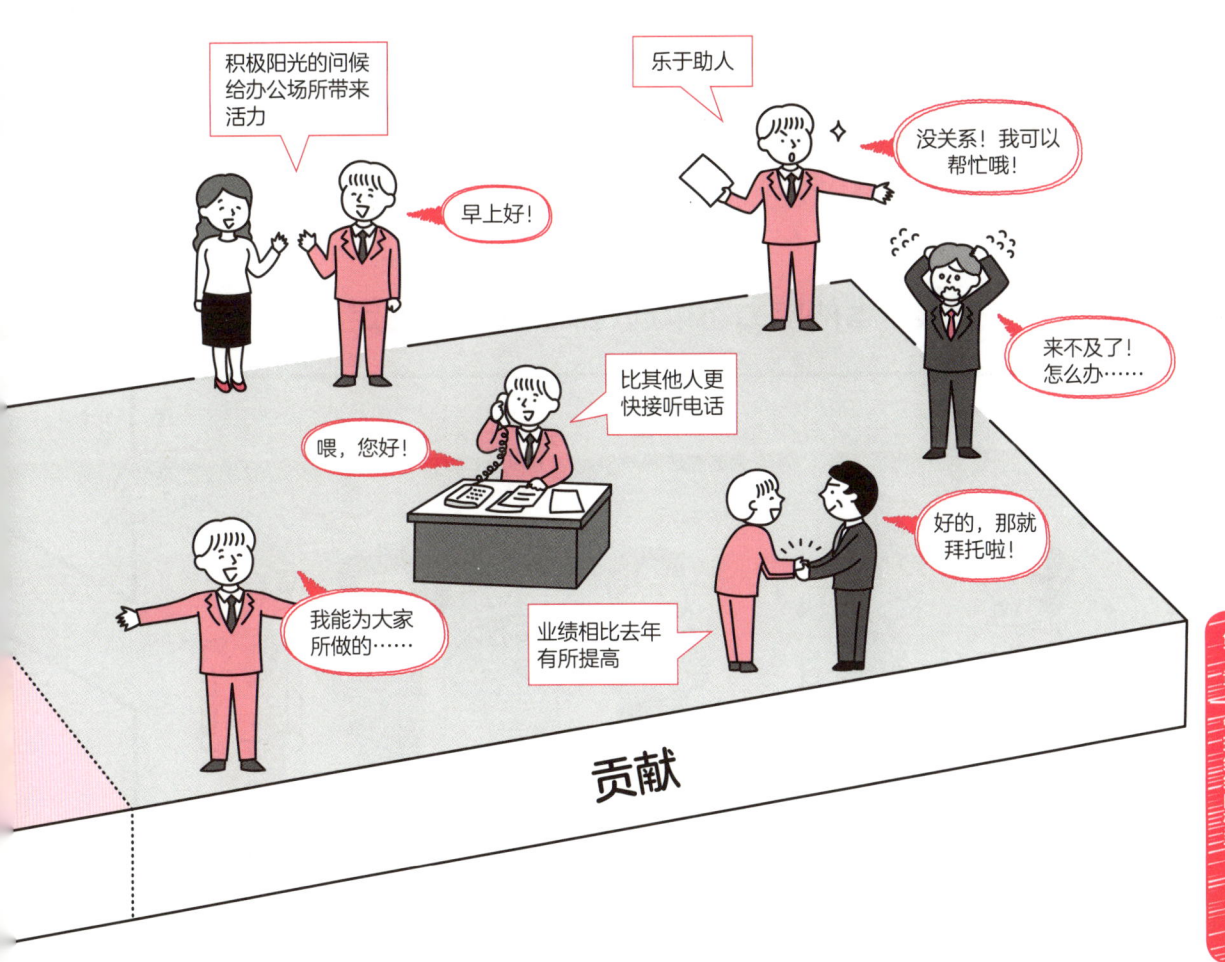

关键词 ☑ PM理论、三隅二不二

18 学习领导者应具备的素质

领导者是组织运营中不可或缺的因素。
要想让员工团结一致、营造舒适的工作环境并且保持更高的驱动力，就需要一定的素质。

PM理论是由日本心理学家三隅二不二提出的理论，该理论认为领导行为由"P功能（Performance function，完成目标的功能）"和"M功能（Maintenance function，维持群体的功能）"这两种功能组成。完成目标的功能是指为了完成目标而制订计划，通过对员工的指导和激励，引导他们走向成功。而维持群体的功能则是指在考虑人际关系的同时，维持和强化组织运转的能力。对于领导者而言，这两种能力缺一不可。PM理论根据P功能和M功能各自的强弱，将领导行为划分为4种类型。

领导者的能力可以通过2个维度来判定

PM型（P和M都强）。既有较高的完成目标的能力，同时也有维持和强化群体的能力，是理想的领导类型。这两种能力兼具的领导者比较少见。

Pm型（P强M弱）。能够完成目标，但维持和强化群体的能力偏弱。

pM型（P弱M强）。可以维持和强化群体，但完成目标的能力偏弱。

pm型（P和M都弱）。完成目标的能力和维持与强化群体的能力都偏弱。

企业最理想的状况是拥有很多PM型的领导者，但这样的企业屈指可数。Pm型领导者较多的企业往往同事关系不太融洽；pM型领导者较多的企业则更容易产生幸福感。而两方面能力都偏弱的pm型不适合担任领导者，且可能对组织造成不良影响。

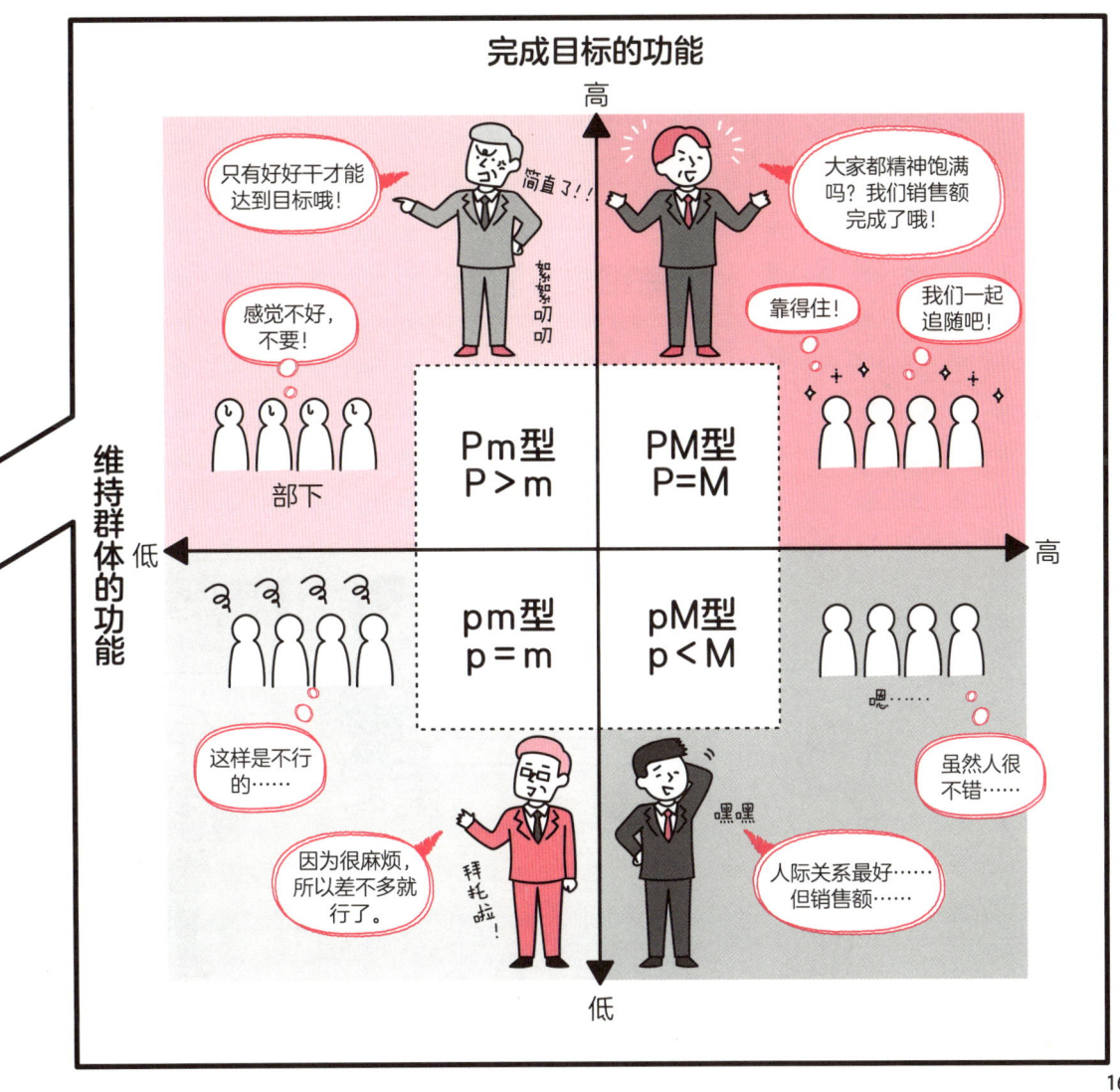

关键词 ➡️ ☑ 利益相关方

19 找出组织的关键人物以解决问题

公司不能只是计算利益得失，同时还应当能够维持人际关系。
当问题发生时，通过找出关键人物，才可能立即解决问题。

利益相关方是指因组织或个人的活动，直接或间接受到影响的利益关系人。"利益相关方分析"模型是指从经营者、公务员、股东、顾客、员工、合伙企业、竞争对手、地域社区以及行政等围绕公司或个人的利益相关方中，列出在推进活动方面重要的人物，然后讨论应当如何进一步对他们做工作。具体而言，是用图解来表示与利益相关方的关系是怎样的，并以此作为谈判或事先说明时的参考。

利益相关方制图

问题

用我们的技术来为新产品制造话题。

为什么没有顺利推进呢？

对不起，公司内部有点……

没有恶语相向，为什么呢？

一起来看看A公司的内情吧。

164

在进行利益相关方分析时，首要要写出利益相关方。以谈判的情境为例，可以按照"影响度"和"关注度"将写出的利益相关方列到矩阵上。影响度表示影响力的大小，即是否有决策权，是否有推动组织运作的影响力等。关注度则表示受到关心或者理解的程度多大。接下来，需要讨论为了让利益相关方加入我们自己的活动，应当怎样对他们做工作。在实际谈判时，应当准备包含详细关注点和需求在内的清单，对信息进行整理。利益相关方分析在推动公司内部运转时也可以发挥作用，是团队领导者和运营负责人应当了解的一种方法。

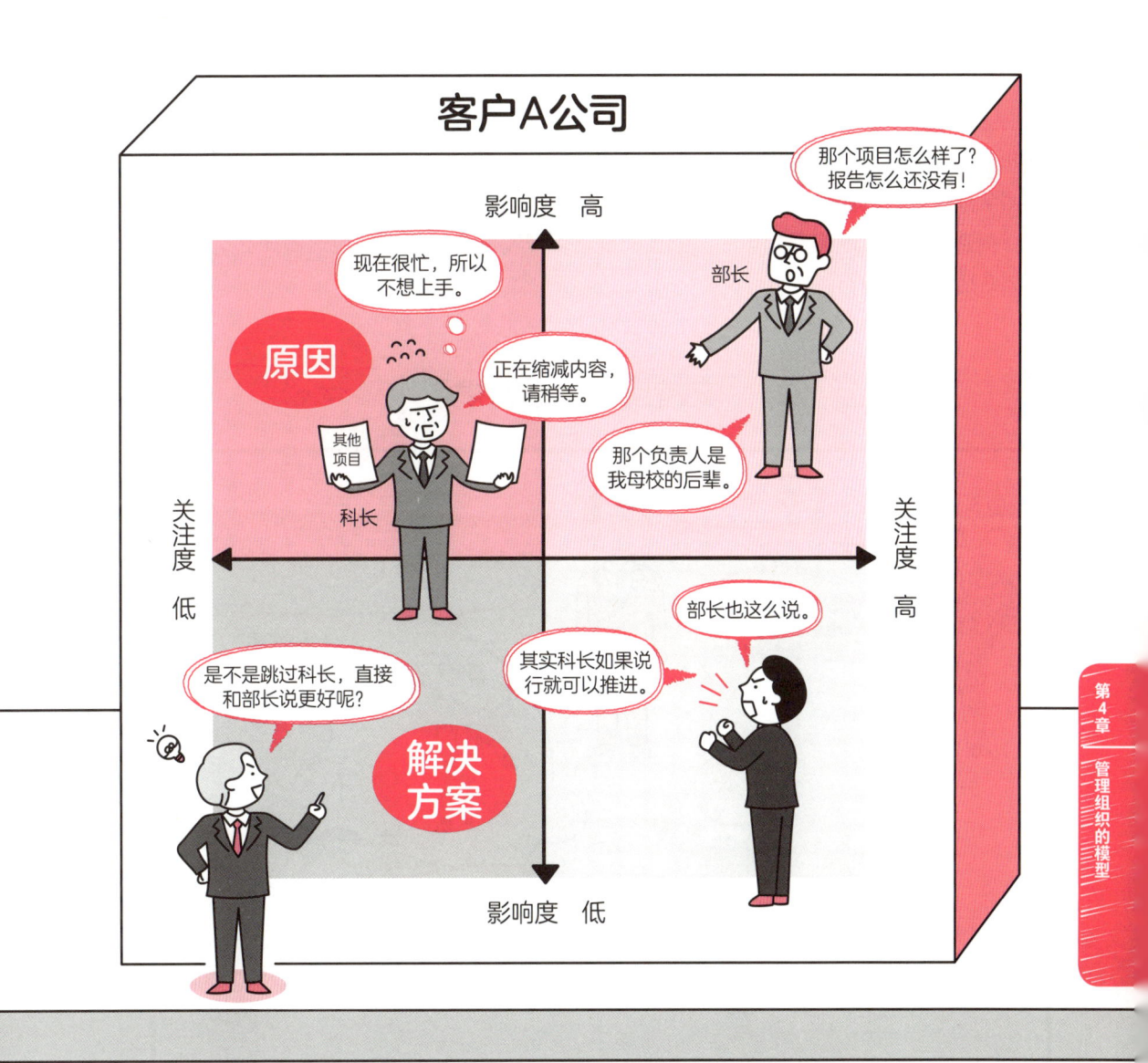

关键词 ➡ ☑ GROW模型、教练

20 支持员工达成目标并激发潜能

达成目标时会很兴奋，并且会想继续努力，这是人的正常心理。领导者和上司应当能够帮助团队成员激发出这种感觉。

"**GROW模型**"是指在**教练**领域广泛使用、用于支持达成目标的一种模型。

GROW是Goal（设定目标）、Reality（掌握现状）、Resources（发现资源）、Options（创造选项）以及Will（确认意愿）这几个单词的首字母缩写。这一模型通过在听取团队成员说话的同时，提出"这项工作的目标是什么"等合理的问题，让团队成员自发思考，得到达成目标的意愿和想法。通过明确目标以及面向目标现在应该做什么，可以有效提高团队成员的驱动力。

支持目标达成的模型

部长：每天打20通销售电话！在这个过程中就会有结果出来。

（严厉状）

新人：好，好的……

和以前的教练说的一样。

只要练习，结果将随之而来。

快点跑！

结果指的是？

有些不明确啊。

练习多少呢？

成长需要什么？

采用"GROW模型"的教练将按照以下顺序进行工作。

① 设定工作上的目标等。写出对自己而言易于理解的状态目标和数值目标，明确希望达到什么样的目标。

② 写出并掌握当前自己的资源（人脉、技能、知识、资金等）。

③ 写出相对于目标的差距。然后整理出面向目标应该做什么，不足之处是什么，以及预想的问题点等。

④ 写下用于实现目标的所有可选项，不考虑可行性和成本效益。针对各选项，在确认是否会执行的同时，设定顺序和日期。

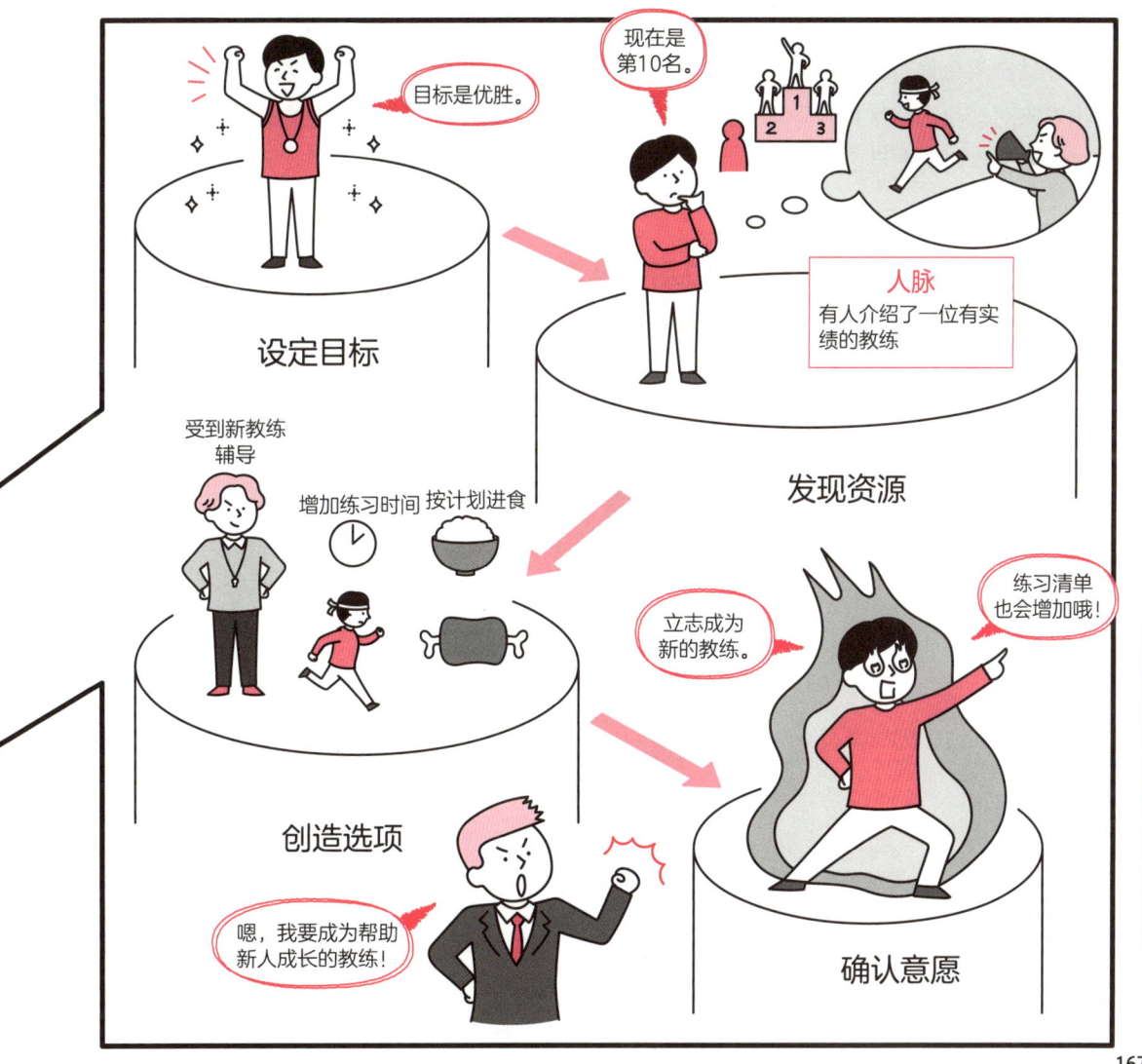

关键词 ➡ ☑ 产品企划书

21 思考市场营销策略，编写产品企划书

即使有好点子，如果没有被实现，也将是美玉蒙尘，不能体现价值。
如果通盘考虑从开发到销售的全过程来编写企划书，就可以看清实现想法的路线。

"**产品企划书**"的作用是对新产品或新服务的基本信息进行书面陈述和共享，讨论是否可实现。在产品企划书中，需要在考虑目标客户、市场定位等营销策略的同时，进行产品的设计。在做产品企划时，重要的不仅是做出更好的产品，而且要把握客户的需求，从客户的角度出发来对产品进行策划和开发，并让产品广为传播。近年，在产品发售之后，企业还会编写如何扩大销售的产品企划书。

编写产品企划书

- 战略是必须的！
- 产品名当然重要！
- 必须设定目标客户。
- 要定好价格。
- 应让理念简单易懂！
- 务必事先考虑渠道。
- 要有畅销的卖点！
- 该产品如何促销……

在编写产品企划书时，首先应汇总作为企划书骨架的基本概要。在企划书的开头写出"产品名称"，在左边列出"目标客户""理念""诉求点"等要素，然后在右边写上用于实现这些要素的想法。在右上方填写"产品设计草图"，放上插图、照片、创意素描或样品信息等。在右下方填写"价格"和"渠道"。在最下方则写上"促销"的基本方针。

在和团队成员共享产品企划书、汇总成真正执行的产品企划书时，需要深入挖掘各个项目，实现具体化，确认产品设计与现有产品相比是否克服了痛点，以及设计是否与营销策略联动。

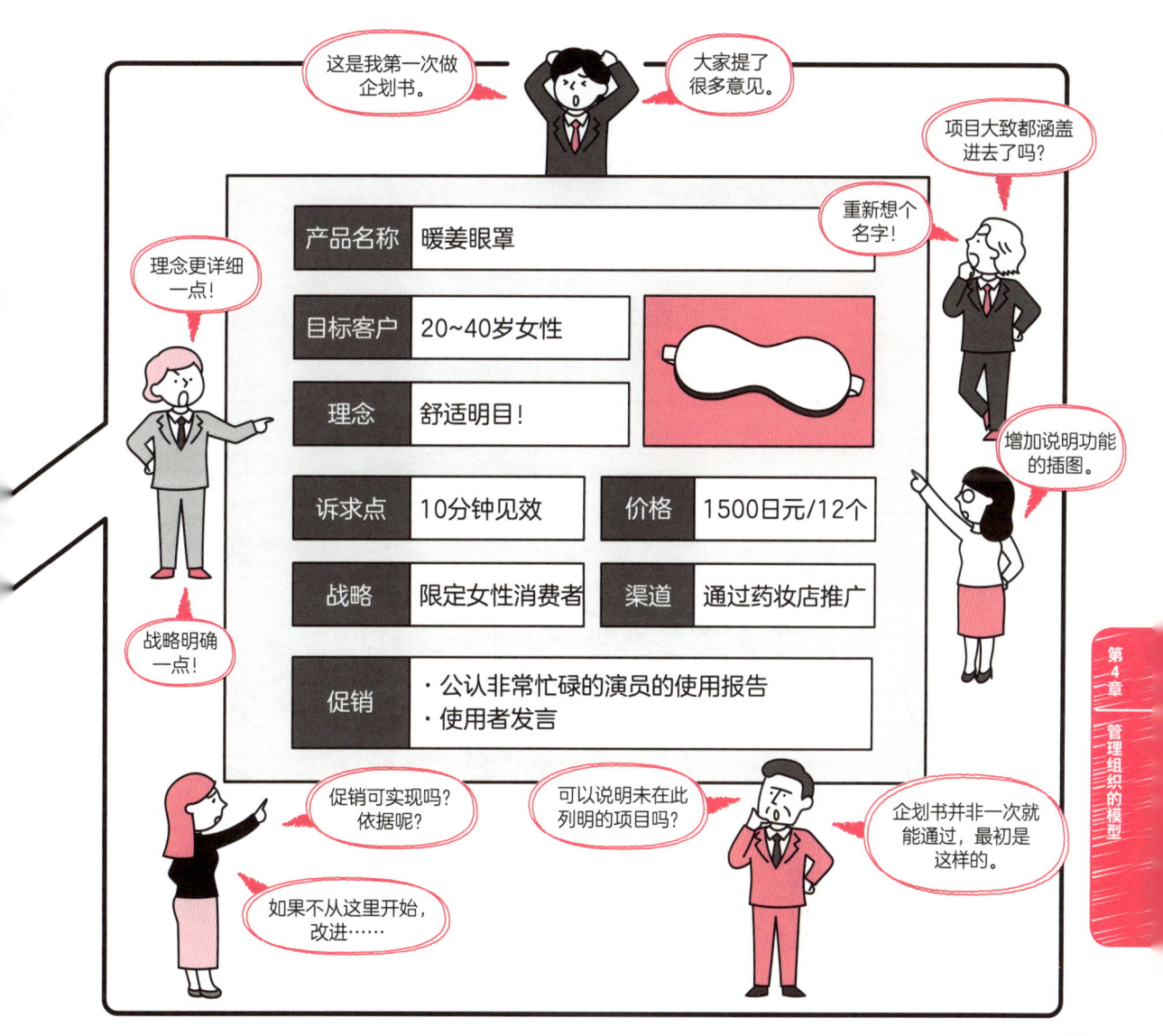

产品名称	暖姜眼罩
目标客户	20~40岁女性
理念	舒适明目！
诉求点	10分钟见效
价格	1500日元/12个
战略	限定女性消费者
渠道	通过药妆店推广
促销	·公认非常忙碌的演员的使用报告 ·使用者发言

评论：
- 这是我第一次做企划书。
- 大家提了很多意见。
- 项目大致都涵盖进去了吗？
- 重新想个名字！
- 理念更详细一点！
- 增加说明功能的插图。
- 战略明确一点！
- 促销可实现吗？依据呢？
- 可以说明未在此列明的项目吗？
- 企划书并非一次就能通过，最初是这样的。
- 如果不从这里开始，改进……

第4章 管理组织的模型

关键词 → ☑ 活动策划书

22 在明确目的后进行活动策划

需要通过举办活动进行宣传时，重点是对谁、宣传什么。
通过在策划书中列清具体的相关信息，可以让需要采取的行动更加清晰明了。

"活动策划书"是指作为展示会、说明会、宣传活动、讲座、音乐会、市场活动的一环，对所举办活动的"意图或目的"进行设定的策划书。上述活动将会涉及与日常流程中不同的客户之间的沟通，不仅大规模的宣传活动，公司内部的学习会等小规模活动也包含在内。在编写活动策划书时，需要全部写清活动的目的是什么（获得客户认知、取得市场数据、销售产品等），以及目标受众是谁等。

活动策划时的必要项

策划公开讲座时

要创建活动策划书，应当思考并写出"受众""理念""销售目标""活动概要"等。在活动概要中，填写活动主题、举办日期时间、预计参加者人数、入场费、时间表计划、出场人员、会场布局、形象图片等。然后向与活动策划有关的成员共享活动策划书的内容。在形成最终落地的活动策划书时，应当深度挖掘各项内容，确认是否已明确设定活动目标，是否基于策略进行设计，以及是否已设想受众画像及其体验的流程等，将相关信息具体化。一旦活动的具体方案设计完成，对于运营者而言，进行活动策划将会更加容易。

思考策划时的必要项（例：公开讲座）

受众是谁？
育儿人群：20~40岁

理念是？
可以安心育儿的地区

目标及目的是？
地区人口增加，宣传乐享生活

目标是？
在社交网络上成为话题

以上确定之后 | 准备执行

- 制作时间表
- 邀请演讲嘉宾
- 会场筹备
- 在各渠道发布通知

关键词 ➡ ✓ PREP模型

23 用于正确传达内容的表达结构

在会议或简报中进行沟通时,向对方表达的方式很重要。
直截了当、有逻辑的表达方法在日常的工作中也大有裨益。

"PREP模型"是指在演讲或写文章的过程中常用的一种模型,用于思考具有逻辑说服力的表达结构。PREP是取"Point(结论)""Reason(理由)""Example(具体实例)"以及"Point(结论)"这4个单词的首字母组成的术语,可以用这4个步骤来构成演讲或文章。在时间有限的演讲中,可能需要整理要点,进行重点表达。因此,可以借助PREP模型,首先表达结论,明确自己想要说什么,然后列举理由和具体实例,让听众觉得信服,最后重申结论,使其更具说服力。

先陈述结论的表达方法PREP

结论:要想削减人事费用,将上班时间推迟1小时是正确答案。

把上班时间推迟到10点?为什么呢?

理由:为了避免上下班高峰时间的疲惫。

哎……一大早就很疲惫。

① 表达结论。整理想要表达的内容，简洁表达对听众的益处。尤其是对忙碌的听众做演讲时，一开始让对方有兴趣非常重要。
② 列举理由。思考得出步骤①中所述结论的理由或根据。通过在步骤①中陈述结论，然后说"为什么呢"，再具体表达其根据，可以更加便于对方理解。
③ 列举具体实例。通过用"例如……"展示具体的实例或数据，对得出结论的根据进行补充。列举事例有助于提高说服力，获得认同感。
④ 重申结论。总结并重申结论，演讲的逻辑性将会提高，说话的内容也易传递。而结论先行也可以避免浪费时间。

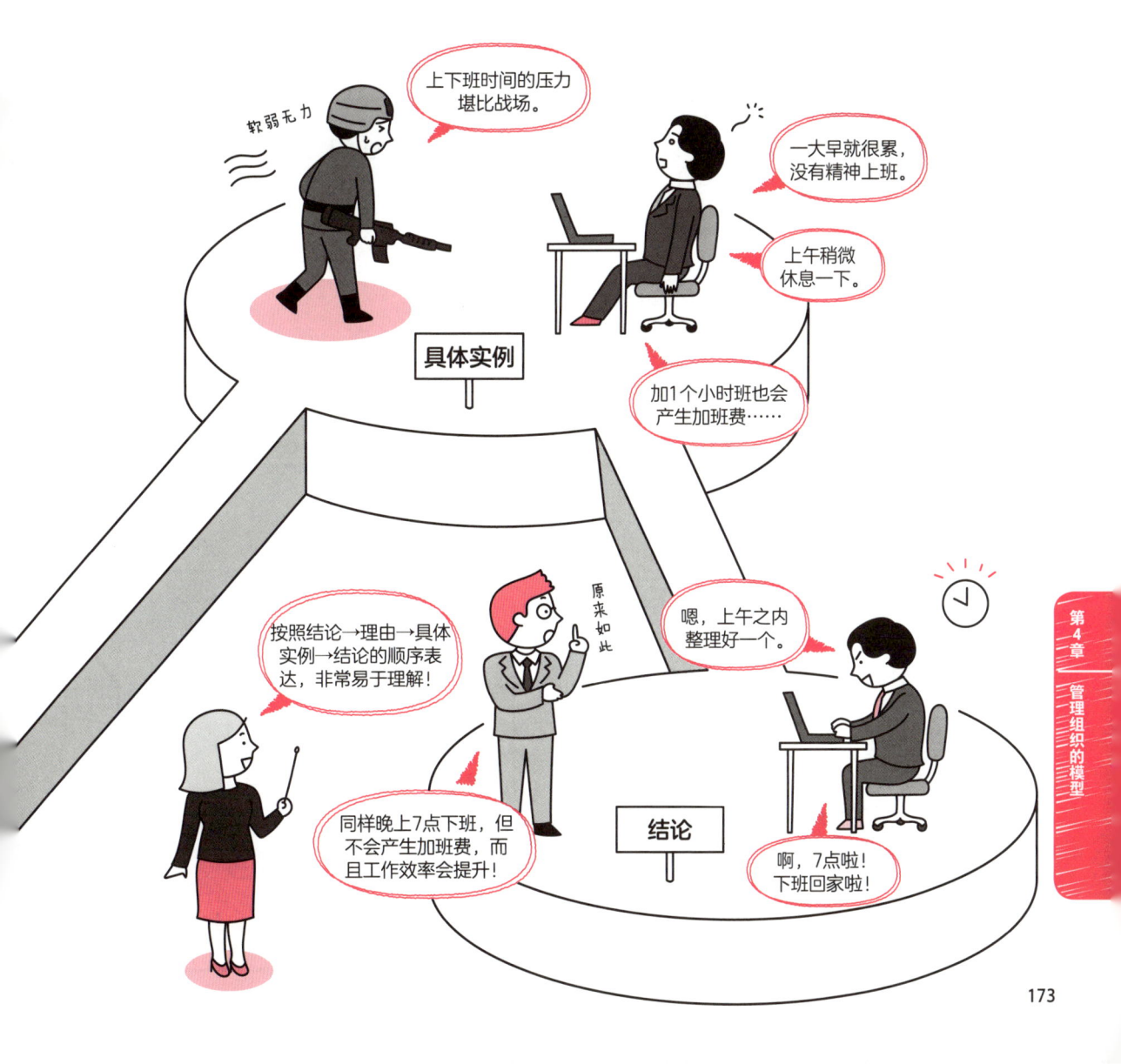

关键词 → ☑ TAPS模型

24 根据目标与现状的差距，思考演讲的结构

提案演讲的重点是明确分析对象的现状和目标，然后演示实现目标的步骤。如果掌握具体的做法，成功率也会有所提升。

"TAPS"是"To be（目标）""As is（现状）""Problem（问题）""Solution（解决方案）"的首字母缩写，"**TAPS模型**"指的是以目标和现状的差距作为起点，来思考演讲结构的一种模型。围绕"现状/目标"对表达内容进行设计，让演讲对象认识到目标与现状的问题，进而阐述解决该问题的方法。以对方存在的问题作为开场，更容易让对方认为演讲内容与自己有关，从而可以让演讲更加有说服力。

实现目标的提案演讲

目标：咖啡馆（依次排队。生意真红火！）

现状：咖啡馆（没有人来。呀…… 没人气）

这个步骤简单易懂。

在"TAPS"中，我们可以围绕"现状/目标"，按照4个步骤来构成演讲的内容。

① 明确演讲对象，调查并写出该人物的目标与现状。重点在于发现问题，即演讲对象实际上是否感觉到目标与现状的差距。
② 写出相对于目标，演讲对象当前处于什么样的状态。
③ 整理目标与现状之间的差距（问题点），汇总问题的内容、具体实例及原因等。需要让对方理解为什么没有达到目标。
④ 针对问题点，整理出有哪些解决方案。解决方案务必是现实的、可讨论的内容。最后简洁地向演讲对象传达解决方案。

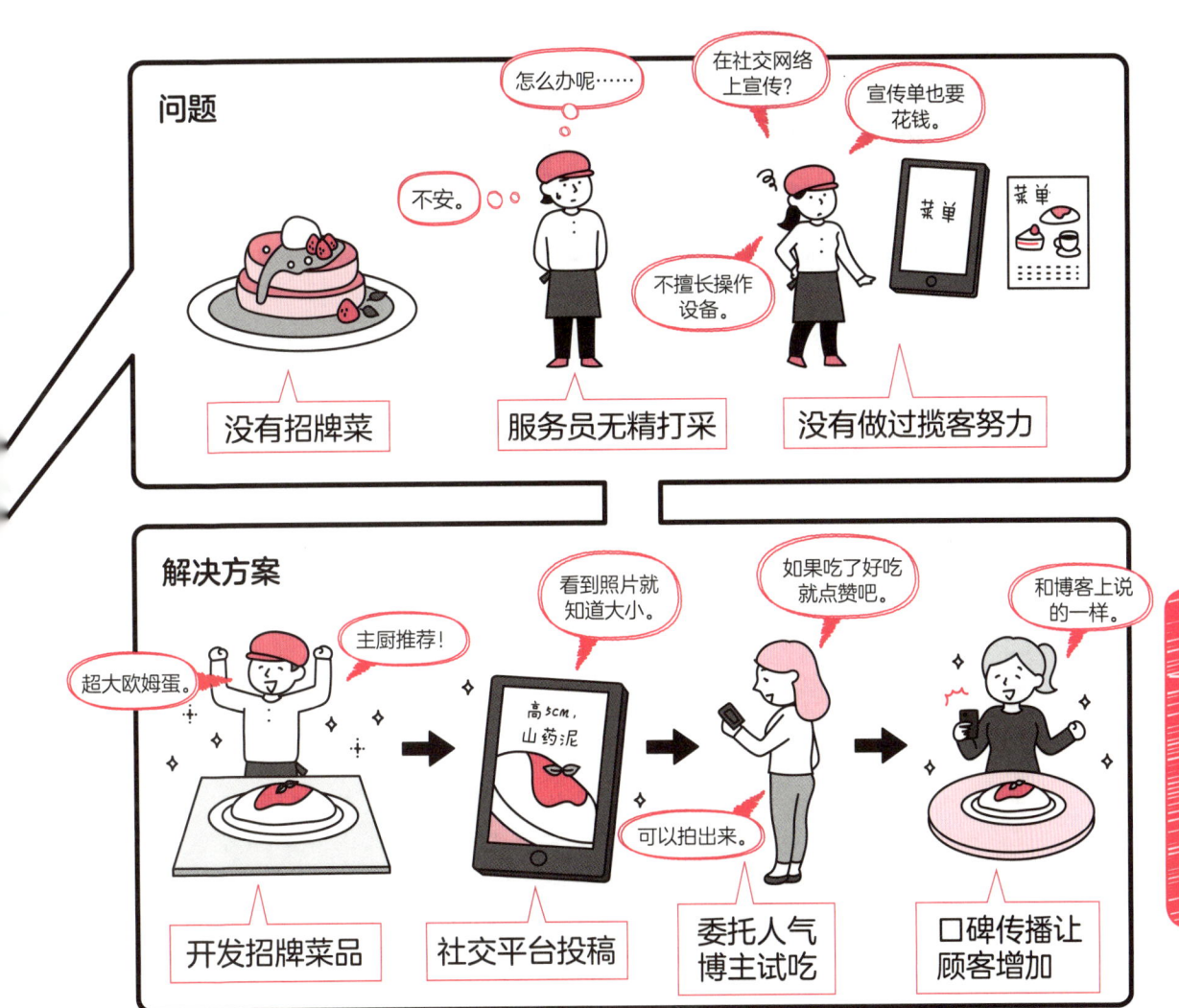

问题

- 不安。 / 没有招牌菜
- 怎么办呢…… / 不擅长操作设备。/ 服务员无精打采
- 在社交网络上宣传？ / 宣传单也要花钱。/ 没有做过揽客努力

解决方案

- 超大欧姆蛋。 主厨推荐！ → 开发招牌菜品
- 看到照片就知道大小。 可以拍出来。 → 社交平台投稿
- 如果吃了好吃就点赞吧。 → 委托人气博主试吃
- 和博客上说的一样。 → 口碑传播让顾客增加

第4章 管理组织的模型

专栏04

理解管理模型

应知应会！
商业术语集
第4章

☑ **关键词**

关键路径 　　　　　　　　　　　　　　第137页

　　关键路径（Critical Path）是指在正在运行的项目中，将各个工序用线连接时最长的路径。其特点是：即使缩短其他工序，如果不缩短关键工序，项目仍会无法完成。

☑ **关键词**

3M法则 　　　　　　　　　　　　　　　第140页

　　3M是"Muda（浪费）""Mura（不均衡）""Muri（超负荷）"这3个日文单词罗马音的首字母的合称，为了实现目标和高效经营，必须减少这3种情况。也可以取这3个日文单词的后半部分，称作"Darari法则"。

☑ 关键词

全球标准　　　　　　　　　　　　　　第142页

　　全球标准是指在管理中考虑的国际性规则和理念。

☑ 关键词

重大事故　　　　　　　　　　　　　　第144页

　　重大事故是指企业的业务中发生的"意外事故"或"问题"。可以通过"海因里希法则"（第144页）或"未遂事故法则"（第145页）防患于未然。

☑ 关键词

赫伯特·威廉·海因里希　　　　　　　　第144页

　　赫伯特·威廉·海因里希（Herbert William Heinrich）在对过去的工伤事故案例进行分析时，发现"每1起重大事故背后，存在29起轻微事故以及300项未遂先兆"，即"海因里希法则"。

☑ 关键词

自我披露　　　　　　　　　　　　　　第156页

　　自我披露是在没有任何帮助的情况下传达个人所拥有的信息和情感。该术语主要用于心理学，在商业情境下，它是影响员工之间关系的因素之一。

☑ 关键词

马斯洛 　　　　　　　　　　　　　　第158页

　　马斯洛是美国心理学家，因提出"需求层次理论"（第158页）而著称。将企业的商业模式与员工的需求相匹配，可以提高工作效率和成功的概率。

☑ 关键词

三隅二不二 　　　　　　　　　　　　第162页

　　三隅二不二是日本心理学家，他在日本传播和发展了库尔特·勒温（kurt Lewin）提出的群体动力学理论。同时也凭借提出领导行为理论之一的"PM理论"（第162页）而闻名。

☑ 关键词

教练 　　　　　　　　　　　　　　　第166页

　　教练是企业管理的重要组成部分，它是通过特定人员（教练员）与员工一对一、面对面进行沟通，来提高被教练者的能力和能量。